公路工程施工标准化指南系列

Gaosu Gonglu Shigong Biaozhunhua Jishu Zhinan
高速公路施工标准化技术指南

Diwu Fence Suidao Gongcheng
第五分册 隧道工程

交通运输部公路局

内 容 提 要

本书为《高速公路施工标准化技术指南》隧道工程分册，系在现行高速公路隧道工程设计、施工、验收等相关标准、规范的基础上，总结吸纳全国各地的实践经验和成果编制而成，图文并茂地对隧道工程施工工序、技术、工艺和规范化管理的具体要求进行了说明，并体现了现代工程管理的理念。本书对于提高建设管理水平，规范隧道工程施工，消除安全隐患，保证隧道工程质量有很好的指导作用。

本书适用于新建、改(扩)建高速公路项目的隧道工程施工管理，也可供高速公路、一级公路的大中修工程及其他等级公路的管理与技术人员参考使用。

图书在版编目(CIP)数据

高速公路施工标准化技术指南. 第5分册,隧道工程 / 交通运输部公路局组织编写. — 北京：人民交通出版社,2012.11

 ISBN 978-7-114-10160-1

Ⅰ.①高… Ⅱ.①交… Ⅲ.①高速公路 – 道路施工 – 标准化管理 – 中国 – 指南②高速公路 – 隧道工程 – 工程施工 – 标准化管理 – 中国 – 指南 Ⅳ.①U415.1-62②U455.1-62

中国版本图书馆 CIP 数据核字(2012)第 250280 号

公路工程施工标准化指南系列

书　　名：	高速公路施工标准化技术指南　第五分册　隧道工程
著 作 者：	交通运输部公路局
责任编辑：	孙玺　卢俊丽
出版发行：	人民交通出版社
地　　址：	(100011)北京市朝阳区安定门外外馆斜街 3 号
网　　址：	http://www.ccpress.com.cn
销售电话：	(010)59757973
总 经 销：	人民交通出版社发行部
经　　销：	各地新华书店
印　　刷：	中国电影出版社印刷厂
开　　本：	880×1230　1/16
印　　张：	6
字　　数：	120 千
版　　次：	2012 年 11 月　第 1 版
印　　次：	2024 年 6 月　第 13 次印刷
书　　号：	ISBN 978-7-114-10160-1
定　　价：	30.00 元

(有印刷、装订质量问题的图书由本社负责调换)

《高速公路施工标准化技术指南》编审委员会

主 任 委 员：冯正霖
副主任委员：李 华　陈胜营　陈培健
委　　　员：黄祥谈　贾绍明　冯明怀　何 平　周荣峰
　　　　　　张竹彬　徐成光　艾四芽　黄成造　薛生高
　　　　　　陈 飚　李志强　缪玉玲　张 军

本册编写人员

主　　　编：陈培健
副　主　编：黄祥谈
参编人员：潘向阳　艾四芽　陈荣刚　唐勇三　许 晟　王恒斌

序

在科学发展观指导下,各地交通运输部门积极探索转变公路建设发展方式的有效途径。部在总结各地经验的基础上,适时提出了推行现代工程管理的总体要求,明确了"发展理念人本化、项目管理专业化、工程施工标准化、管理手段信息化、日常管理精细化"的工作思路,并在全国范围内组织开展了高速公路施工标准化活动。

活动开展两年来,各地围绕施工标准化要求,从当地实际出发,细化施工过程控制,注重成熟工艺和先进技术的推广应用,着力解决质量通病问题,在实体工程质量、安全管理水平、文明施工面貌、职工队伍素质、社会经济效益等方面都取得了良好效果。

为全面总结推广各地施工标准化的成功经验,部公路局组织福建、广东、陕西、江苏等省共同编写了《高速公路施工标准化技术指南》一书。这套系列丛书由工地建设、路基工程、路面工程、桥梁工程、隧道工程五个分册组成,并附有施工组织设计、配合比设计、检测指标等参考附录,涵盖了高速公路建设的主要领域,兼顾了指标先进性和全国普遍性的要求,内容丰富,图文并茂,体现了当前高速公路施工标准化的新水平,是高速公路施工标准化活动阶段性成果的总结与凝练,对于深入推进标准化活动具有重要的指导作用。

当前,我国公路建设正处于快速发展的关键时期,坚持不懈地推动公路建设又好又快发展,不断满足经济发展、社会进步和人民群众日益增长的出行需求,是今后相当长时期内公路建设的主要任务。为此,必须以科学发展为主题,以加快转变发展方式为主线,以结构调整为主攻方向,大力推行现代工程管理,注重资源节约和保护环境,努力实现安全发展、高效发展、绿色发展、可持续发展。

公路建设要实现新的突破和转变,就要推广先进的理念和成熟的工艺,实行科学的管理和标准化的作业。希望广大公路建设者在认真贯彻《指南》要求的同时,不断总结实践经验,因地制宜,开拓创新,将公路施工标准化活动推向深入,在提高质量、确保安全、节能环保、降低成本等方面创造更多经验,为推进我国高速公路事业又好又快发展作出新的贡献。

2012 年 11 月 19 日

前 言

　　为加快推行现代工程管理，促进公路建设"发展理念人本化、项目管理专业化、工程施工标准化、管理手段信息化、日常管理精细化"，提升工程质量、安全管理水平，树立行业文明施工形象，交通运输部决定自2011年起，在全国开展高速公路施工标准化活动，并组织编写《高速公路施工标准化技术指南》（以下简称《指南》）。《指南》共五个分册（工地建设、路基工程、路面工程、桥梁工程、隧道工程），是在现行公路工程标准、规范的基础上，针对工程质量通病和管理薄弱环节，充分吸纳了各地施工标准化的经验和成果，总结了近年来工程建设行之有效的成熟工艺、先进装备和制度措施，体现了现代工程管理的具体要求。

　　本书为《指南》第五分册隧道工程，针对钻爆法开挖的公路隧道，从一般规定、施工工序、施工要点等方面提出具体要求，强化超前地质预报、隧道开挖方法选择、动态设计与信息化管理、光面爆破、初期支护质量、二衬外观等方面要求，推行工后检测、二衬台车准入、人员进洞登记、施工安全风险评估等制度，确保隧道工程质量和施工安全；采取提高人员安全防护标准、远程视频监控、设置应急逃生管道、推广"零开挖"进洞理念、设置污水处理池、强化施工通风照明等措施，改善隧道施工作业条件，体现"以人为本"的建设理念。

　　本《指南》可供公路工程各参建单位、参建人员使用，各地对其中有关的具体指标可根据实际情况进一步细化或强化要求，对未尽事宜应予补充完善。使用过程中发现的问题和修改意见，请反馈至交通运输部公路局（北京市建国门内大街11号，邮编100736），以便修订时改进。

编　者

2012年11月12日

目 录

1 总则 ·· 1
2 施工准备 ·· 2
   2.1 一般规定 ·· 2
   2.2 技术准备 ·· 2
   2.3 施工场地 ·· 3
   2.4 施工人员、材料和设备 ·· 4
   2.5 施工供风、供水、供电 ·· 5
   2.6 弃渣场、自办料场、危险品库 ·· 7
   2.7 排水及污水处理 ·· 8
3 洞口与明洞工程 ·· 9
   3.1 一般规定 ·· 9
   3.2 施工工序 ·· 10
   3.3 施工要点 ·· 10
4 超前地质预报 ·· 14
   4.1 一般规定 ·· 14
   4.2 有关要求 ·· 14
   4.3 超前地质预报方法 ··· 16
5 洞身开挖 ·· 18
   5.1 一般规定 ·· 18
   5.2 施工工序 ·· 19
   5.3 施工要点 ·· 20
   5.4 开挖方法 ·· 23
   5.5 连拱隧道 ·· 27
   5.6 小净距隧道 ·· 29
6 初期支护与辅助工程措施 ··· 30
   6.1 一般规定 ·· 30

6.2	喷射混凝土	30
6.3	锚杆	33
6.4	钢架	35
6.5	钢筋网	37
6.6	超前锚杆支护	37
6.7	超前小导管预注浆支护	38
6.8	超前管棚支护	40
6.9	超前预注浆	41
6.10	地表砂浆锚杆	43
6.11	地表注浆	43
6.12	初期支护质量要求	43
7	**仰拱与铺底**	**45**
7.1	一般规定	45
7.2	施工工序	46
7.3	施工要点	46
8	**防水与排水**	**48**
8.1	一般规定	48
8.2	施工工序	49
8.3	施工防排水	49
8.4	结构防排水	50
9	**二次衬砌**	**55**
9.1	一般规定	55
9.2	施工工序	56
9.3	衬砌模板台车	56
9.4	施工要点	59
9.5	质量要求	64
10	**监控量测**	**66**
10.1	一般规定	66
10.2	工作程序	67
10.3	量测项目	67
10.4	量测要点	69
10.5	量测数据处理与应用	71

11 附属设施工程	74
11.1 设备洞、横通道及预留洞室	74
11.2 水沟、电缆沟	74
11.3 蓄水池	75
11.4 预埋件	75
12 安全生产与文明施工	76
12.1 施工安全风险评估	76
12.2 安全管理	78
12.3 文明施工	79
参考文献	82

1 总则

1.0.1 为克服当前隧道施工中常见的质量通病,规范高速公路隧道工程施工,提高管理水平,保证施工质量安全,结合全国高速公路隧道施工的实际情况,编制本指南。

1.0.2 本指南主要依据国家、交通运输部等工程建设主管部门发布的与隧道工程相关的文件、标准、规范、规程、指南和行业内采取的成熟和先进的施工工艺、工法、技术和管理办法编制。

1.0.3 本指南适用于钻爆法开挖为主的高速公路隧道,其他等级的公路隧道可参照执行。

1.0.4 隧道施工必须严格遵守国家和行业的安全生产法律法规,积极改善隧道施工条件,制订切实可行的通风、防尘、照明、防有害气体、防辐射等措施,确保施工安全和作业人员身体健康。

1.0.5 隧道施工要体现动态设计与信息化管理。在施工准备和施工过程中均应加强地质工作,重视跟踪地质调查与超前地质预报工作,并根据地质预测、预报及监控量测等信息实施动态管理。

1.0.6 隧道施工过程中应加强光面爆破、喷锚支护、监控量测、铺底先行、防排水、施工通风、衬砌外观质量等方面工作。有条件的隧道应执行"零开挖"进洞、"零塌方"管理、工后检测、二衬台车准入等制度。

1.0.7 隧道施工过程中,应完整地收集原始数据、资料,做好施工记录,加强施工过程中隐蔽工程的质量控制和验收,确保工程质量和安全。

1.0.8 隧道施工应推广成熟、先进的施工工艺和工法,积极而慎重地应用新技术、新工艺、新材料,提高隧道施工管理水平和技术水平。

1.0.9 在使用和执行过程中,应严格执行相关设计、施工、试验、检测、测量等方面技术标准、规范、规程、规定,本指南未涉及内容应按相关技术规范执行。

2 施工准备

2.1 一般规定

2.1.1 隧道施工前应熟悉设计文件,领会设计意图,做好现场调查和图纸核对工作。

2.1.2 施工前,应按隧道施工细则要求做好下列核对工作:
(1)隧道施工对地表和地下既有结构物的影响。
(2)施工场地布置与洞口相邻工程、弃渣、农田水利、征地等的关系。
(3)建筑物、道路工程、水利工程和电信、电力线路等设施的拆迁情况和数量。
(4)施工中和运营后对自然环境、生活环境的影响及需要采取的保护措施。

2.1.3 在施工调查和设计文件核对完成后,应及时将结果及存在的问题,以书面形式呈送监理工程师,并由设计单位复核。

2.1.4 隧道开工前,应完成洞口前可能干扰洞身施工的相关工程。

2.1.5 隧道施工须加大测量人员投入,加强测量放样人员培训,强化测量放样工作对现场施工的实际指导作用,确保隧道开挖周界、二衬厚度及隧道轴线等满足设计要求。

2.2 技术准备

2.2.1 施工测量

(1)施工单位应根据合同图纸和有关勘测资料,对交付使用的隧道轴线桩、平面控制基点桩以及高程控制的水准基桩等,进行详细的测量检查和核对,并将测量成果报送监理工程师。

(2)施工单位在放线中除公里桩、平曲线要素桩外,应设置必要加桩;在工程实施中隧道中桩最大间距直线上不得大于10m,曲线上不得大于5m,并明确标出用地界桩、路面和排水沟中心桩、辅助基准点以及其他为控制正确放线的水平和垂直标桩。

2.2.2 施工方案

(1)根据总体施工组织设计,编制实施性施工组织设计。编制的施工组织设计,应包括施工方法、工区划分、场地布置、进度计划、工程数量、人员配备、主要材料、机械设备、电力和运输以及安全、质量、环保、技术等主要内容。

(2)实施性施工组织设计应报监理工程师及相关部门,按照程序批准后实施;在实施过程中应根据客观条件、生产资源配置情况及时调整施工组织设计,并报送监理工程师批准,实行动态管理。

(3)对于长大隧道、地质或水文地质条件复杂、结构受力以及施工环境复杂的隧道,施工单位应根据交通运输部相关要求开展隧道施工安全风险评估工作,并制订各项应急保障预案。

2.3 施工场地

2.3.1 施工单位应根据施工规模、技术标准和《高速公路施工标准化技术指南 第一分册 工地建设》有关要求进行施工场地规划、驻地建设、拌和站和工地试验室建设。隧道临建场地布置一般要求如表2.3.1所示。

隧道临建场地布置一般要求　　　　表2.3.1

序号	名　　称		布　置　要　求
1	隧道临建	总体布置	隧道临建场地上的房屋不得侵入行车道,方向尽量与线路方向平行或垂直
2		隧道临建场地处理	混凝土强度等级不低于C20,硬化厚度不小于20cm,确保施工期间不翻浆、冒泥
3		空压机房及配电房	空压机的数量根据施工需要确定,摆放间距1.0~1.2m,采用半开放式房屋,顶部设弧形雨棚
4		隧道临建材料库房及试验室	隧道临建如需设置材料库房、试验室,尽量靠近钢材存放、加工房和混凝土运输路线,便于及时抽检材料和取样
5		钢材存放及加工房	钢材存放与加工房共同设置一处,采用半开放式房屋,其长、高、宽满足施工及钢材存放需要,顶部设雨棚
6		现场会议室	隧道洞口离项目部较远时应在施工现场设会议室
7		洞口值班室	洞口值班室设在隧道洞口,采用彩钢板房或砖混结构,面积不小于4m²
8		洞口宣传	进洞须知、工程简介、施工总平面布置图、安全保证体系、质量保证体系、施工环保水土保持体系、隧道形象进度图(可室内布置)、施工标志牌、公司简介(施工单位)、政务公开、党工团现场责任人及职责等内容可根据需要独立或连排设置,若连排设置,其长度和高度需结合现场条件,美观大方。洞顶及洞间宣传视情况设置

2.3.2 隧道初期支护喷射混凝土可由集中拌和站统一供应,也可在隧道洞口建设专门用于喷射混凝土施工的小型拌和站,但须采用具有两仓自动计量的搅拌设备,并配备散装水泥罐,采用散装水泥拌和施工。

2.3.3 施工场地布置必须编制专项规划方案,上报监理工程师和建设单位,批复后实施,建成后应通过监理工程师组织的专项验收。

2.3.4 在隧道洞口靠近值班室一侧宜设置电动升降栏杆和入场人员专用通道。隧道洞口外设置可360°旋转拍摄的摄像机。隧道洞口上方设置电子显示屏,实时反映隧道内工作状态。

2.3.5 建立进洞人员登记制度。有条件的施工单位应积极采用先进的隧道施工人员考勤定位和视频监控等系统。

2.4 施工人员、材料和设备

2.4.1 施工人员

(1)应根据工程规模、工期和技术难度配备相应的工人、管理、技术、测量、试验、环保、专职质量检查和安全管理人员。

(2)隧道施工的钻爆、运输、支护、模筑衬砌等作业均应安排专业化队伍进行施工,施工前应根据施工进度计划、施工技术水平等制定详细的劳动力计划,及时组织进场,以满足施工需要。

(3)从事隧道施工的各类特殊岗位人员均应持证上岗。施工单位应加强现场作业人员(包括劳务人员)安全、职业健康等教育培训和考核工作。应对管理人员和作业人员每年进行不少于两次、不低于40学时的安全生产教育培训,其教育培训情况记入个人工作档案。新进人员和作业人员进入新的施工现场或者转入新的岗位前,施工单位应对其进行安全生产培训考核。未经安全生产教育培训考核或者培训考核不合格的人员,不得上岗作业。

(4)施工单位应向作业人员提供必需的安全防护用具(如安全帽、安全带、口罩、耳塞、防护眼镜等)和安全防护服装,如图2.4.1所示。

图2.4.1 安全防护用具和安全防护服装

2.4.2 材料采备

（1）隧道施工前应做好水泥、砂石料、钢筋（材）、外加剂、防水板、透水管等各项材料的招标订购工作，并根据施工进度计划，制定材料供应计划。

（2）材料采购应严格按有关规定进行，选择供应能力强、质量合格、价格优惠的供应厂家。

（3）二衬混凝土和喷射混凝土必须使用旋窑水泥。用于隧道主体工程的碎石应采用反击破设备生产的碎石，并确保在不污染情况下用于施工。

（4）材料进场前严格进行检查验收和取样送检，试验合格经监理工程师认可后方可进料；杜绝不合格材料进入现场。

（5）按照应急救援方案配备相应的救援设施和材料。

2.4.3 设备进场

1）隧道进洞前，二次衬砌模板台车应进场，经监理工程师验收后方可使用。

2）隧道前期进场的机械设备主要有以下几种：

（1）土石方施工设备：包括挖掘机、压路机和自卸汽车等；

（2）隧道开挖及出渣运输设备：凿岩机、台车（架）、装载机、大吨位自卸汽车等；

（3）隧道支护设备：喷射机、管棚钻机、注浆机等；

（4）混凝土施工设备：混凝土搅拌机、配料机、混凝土运输车、混凝土输送泵、振捣设备、衬砌台车（模板、拱架）等；

（5）钢筋（结构）加工设备：钢筋调直机、切断机、弯曲机，电焊机，型钢弯曲机等；

（6）风、水、电供应设备：内燃空压机、电动空压机、水泵（变频高压供水装置）、变压器、发电机等；

（7）相应阶段配备的检测仪器和设备。

3）机械设备应本着性能优良、配套合理、工效高的原则配备，满足污染小、能耗低、效率高的要求，并根据施工进度计划安排，分阶段、分期组织进场，以满足施工需要。

4）应急逃生设备：逃生管等。

2.5 施工供风、供水、供电

2.5.1 施工供风

（1）压风站应在洞口旁边选址修建，宜靠近变电站，应有防水、降温、保温和防雷击等设施。

（2）压风站供风能力须满足隧道正常施工需要，供风管路布置应尽量避免压力损失，保证工作面使用风压不小于 0.5MPa。

（3）隧道掘进 50m 后应进行供风，供风管道前端至开挖面距离不应大于 20m。

2.5.2 施工供水

(1)施工单位在施工期间,应按国家规定的施工和生活饮用水的有关标准供水,确保施工和生活用水设施满足需要。

(2)寻找水源,并按施工需要的供水压力(不小于0.3MPa)合理选址修建施工高位水池,施工高位水池宜考虑利用隧道消防用永久高位水池,高位水池施工过程中,应尽量减小对原始植被的破坏。

(3)对于修建高位水池困难的隧道,宜采用变频高压供水装置满足施工需要。

(4)供水管道前端至开挖面一般不超过20m。

2.5.3 施工临时供电

(1)施工供电要考虑永临结合,对于短隧道应采用高压至洞口,再低压进洞;长隧道及特长隧道应考虑高、中压进洞,以满足施工需要。施工过程应保证用电的可靠性,应有备用发电系统以满足停电等应急情况下的施工用电。

(2)隧道施工供电应采用三相五线供电系统。动力设备应采用三相380V;照明电压一般作业地段不宜大于36V,成洞段和不作业地段可采用220V,瓦斯地段不得超过110V,手提作业灯为12~24V,选用的导线截面应使低压线路末端要点电压降不大于10%,36V及24V线不得大于5%;高压分线部位应设明显危险警告标志;所有配电箱和开关应全部进行责任人和用途标识。

(3)洞外变电站应设置防雷击和防风装置,且宜设在靠近负荷集中地点和电源来线一侧;当变电站电源线需跨越施工地区时,其最低点距人行道和运输线路的最小高度应满足:电压35kV时7.5m,电压6~10kV时6.5m,电压400V时6m;变压器容量应按电气设备总用量确定,当单台电动设备容量超过变压器容量1/3时,宜适当增加启动附加容量。

洞内变电站应设置在干燥的紧急停车带或不使用的横通道内,变压器与周围及上下洞壁的最小距离,不得小于30cm,同时应按规定设置灯光、轮廓标志等安全防护设施;洞内高压变电站之间的距离宜为1000m,由变电站分别向相反两方向供电,每一方供电距离宜采用500m;洞内高压变电站应采用井下高压配电装置或相同电压等级的开关柜,不应使用跌落式熔断器,应有防尘措施。

(4)成洞地段固定的电线路,应采用绝缘良好的胶皮线架设;施工地段的临时电线路应采用橡套电缆;瓦斯地段的输电线必须使用密封电缆,不得使用皮线;涌水隧道的电动排水设备应采用双回路输电,并有可靠的切换装置;动力干线上每一分支线,必须装设开关及保险装置;严禁在动力线路上加挂照明设施。

(5)照明和动力线路安装在同一侧时,必须分层架设。电线悬挂高度应满足:110V以下电线离地面距离不应小于2m,400V时应大于2.5m,6~10kV时不应小于3.5m。供电线路架设一般要求高压在上、低压在下,干线在上、支线在下,动力线在上、照明线在下。

2.5.4 施工期间"三管两线"布置要求

施工期间"三管两线"应架设、安装顺直、整齐,如图2.5.4所示。

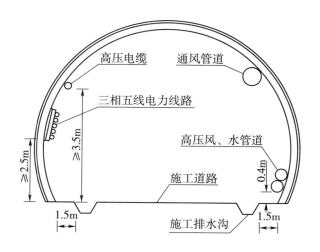

图2.5.4 "三管两线"布置示意图

2.6 弃渣场、自办料场、危险品库

2.6.1 弃渣场

(1)隧道弃渣应运至指定的弃渣场,隧道洞渣应优先考虑利用,不得随意乱弃。

(2)隧道施工前,施工单位应和建设单位及当地政府配合调查,选择出渣运输方便、距离短的场所作为弃渣场,场地容量应可容纳隧道弃渣量。

(3)弃渣场选址应进行水文和地质条件调查,不得占用其他工程场地和影响附近各种设施的安全;不得影响附近的农田水利设施,应不占或少占农田;不得堵塞河道、河谷,防止抬高水位和恶化水流条件;不得挤压桥梁墩台及其他建筑物。

(4)弃渣场应按设计要求进行防护,当设计要求不能满足实际需要或设计无具体要求时,应对弃渣场的防护进行设计并报监理工程师批复,以确保边坡的稳定,防止发生水土流失、泥石流、滑坡等危害。

(5)弃渣场应按有关要求,及时做好临时用地复垦工作。

2.6.2 自办料场

(1)当隧道弃渣强度等物理力学和化学指标符合规范要求,可作为结构用材料时,现场宜建碎石场以充分利用隧道弃渣。场地建设应满足料场建设要求,加工碎石设备应采用带除尘装置的反击破碎石机,并有配套的联合重筛分设备,施工前必须做好环保评估并采取相应措施。

(2)有条件的自采碎石场应专门配备锤式碎石机生产喷射混凝土碎石料。日产量在$100m^3$以上的碎石场宜配置自动或半自动水冲洗设备,以提高碎石质量。

2.6.3 危险品库

1）火工用品库房的建设及管理除应符合《高速公路施工标准化技术指南　第一分册　工地建设》有关规定外，还应符合以下要求：

（1）建立健全火工用品管理制度，严格火工用品采购、储存、领取、使用和退库各个环节的管理和操作，做到全程监控、全程把关。施工单位要定期对炸药库管理有关台账进行认真检查和清对，监理工程师要加强监督检查。

（2）双洞中隧道及长隧道、特长隧道宜设置专用火工用品库房，短隧道可结合其他隧道及路基、桥涵施工集中设置。

（3）应根据施工进度计划安排及月循环进尺核定火工用品库库容量。

2）其他危险品，如氧气，乙炔，油料及剧毒、放射性物品等应单独建库存储，库房建设及管理应符合《高速公路施工标准化技术指南　第一分册　工地建设》规定。

2.7　排水及污水处理

2.7.1　应在隧道洞口两侧建浆砌排水沟排出隧道内污水，尺寸满足排水需要（必须考虑雨季降水的影响），两侧水沟经涵管连通横穿路基汇于集水井排入污水处理池。

2.7.2　污水处理不少于3级沉淀，采用浆砌或砖混结构，施工期间不倒塌、不渗漏，沉淀达标方可排放。

3 洞口与明洞工程

3.1 一般规定

3.1.1 隧道洞口开挖前,施工单位应编制隧道进洞专项施工方案,严禁大开大挖,监理工程师应组织设计、施工单位进行专项审查。

3.1.2 积极推广"零开挖"进洞理念,遵循"早进洞、晚出洞"施工原则。尽量避免对山体的大挖大刷,可适当延长明洞和隧道的长度;隧道洞顶截水沟以内植被禁止砍伐破坏,分离式隧道中间山体和连拱隧道中导洞开挖时两侧山体应尽可能保护,维护原有的生态地貌,洞门应力求与自然环境、人文景观相协调,见图3.1.2。

图3.1.2 "零开挖"洞口

3.1.3 隧道进洞前,要求完成以下工作:隧道进出口联测已完成,且贯通误差符合规范要求;洞顶的沉降观测点已布设完成,并取得第一组数据;洞顶截水沟已砌筑完成,洞口初步形成畅通的排水系统;边仰坡临时防护已完成,边坡稳定;二次衬砌台车已进场。

3.1.4 洞口设有明洞,且洞口地质情况相对较好的隧道,可先进暗洞,由内向外施作洞口明洞模筑衬砌,再进行洞身段开挖、初支、二衬施工。

3.1.5 当洞口围岩条件较差时,要严格控制进洞施工顺序。应在完成套拱和超前大管棚后,立即进行明洞主体模筑衬砌施工,然后再进行暗洞浅埋段施工。

3.1.6 隧道二次衬砌原则上施工完成50m(含明洞)后立即进行洞门及边仰坡绿化工程的施工。

3.1.7 隧道洞口场地必须进行混凝土硬化处理,应使用20cm厚石渣垫层,汽车运输通道应采用20cm厚不低于C20的混凝土作为面层。可将洞口段路基基层设置为混凝土基层,提前施作。

3.1.8 洞口前的桥梁、涵洞及路基等相关工程应及时安排施工,为隧道提供施工场地。

3.2 施工工序

洞口与明洞工程的施工工序为:洞顶截水沟开挖、砌筑→洞口其他排水工程→洞口土石方开挖(路基填筑)→边仰坡及成洞面临时防护(二衬台车进场)→洞口套拱、管棚棚架等辅助进洞措施施工→明洞基础及洞口段路基硬化→洞身施工→明洞防排水施工→明洞回填→洞门施工。

3.3 施工要点

3.3.1 洞口土石方开挖

(1)洞口边坡、仰坡开挖应尽量保护原生态植被。

(2)洞口土石方施工宜避开降雨期,如确需在雨季施工时,应制订严密的施工方案和防护措施,同时应加强对山坡稳定情况的监测、检查。

(3)洞门端墙处的土石方,应视地层稳定程度、洞口施工季节和隧道施工方法等选择施工时机和施工方法。

(4)洞口边坡、仰坡土石方的开挖应减少对岩、土体的扰动,严禁采用大爆破;边坡和仰坡上可能滑塌的表土、灌木以及浮石、危石要清除或加固,坡面凹凸不平应予整修平顺。

(5)应在进洞前按设计要求对地表及仰坡进行加固防护;松软地层开挖边、仰坡时,宜随挖随支护,随时监测、检查山坡稳定情况。当洞口可能出现地层滑坡、崩塌时,应采取地表砂浆锚杆、地表注浆、预应力锚杆(索)等措施稳定边坡,确保施工安全。

(6)偏压洞口施工应做好支挡、反压回填等工作后再开挖;开挖方法应结合偏压地形情况选定,不得因人为因素加剧偏压。

(7)洞口边坡及仰坡采用明挖法施工,自上而下分阶段、分层进行开挖。第一阶段挖至设计临时成洞面,并视围岩情况,结合暗洞开挖方法,预留进洞台阶;第二阶段开挖其余部分,形成永久边仰坡。不得掏底开挖或上下重叠开挖。洞口有邻近建(构)筑物时,应采取微震控制爆破。

(8)洞口边仰坡排水系统应及时完成。隧道排水应与洞外排水系统合理连接,不得侵蚀软化隧道和明洞基础,不得冲刷洞口前路基边坡及桥涵锥坡等设施。

（9）洞口永久性挡护工程应紧跟土石方开挖及早完成。地基承载力应满足设计要求。

（10）洞口仰坡上方洞身范围内禁止修建施工用水池。

（11）边坡、仰坡上方不得堆置弃土、弃石。

3.3.2 排水工程

（1）洞外排水工程包括边坡和仰坡外的截水沟、排水沟和洞口排水沟、涵管组成的排水系统，所有开挖与铺砌除按图纸施工外，还应符合《高速公路施工标准化技术指南 第二分册 路基工程》中砌石工程的规定。

（2）边坡、仰坡外的截水沟或排水沟应于洞口土石方开挖前完成，防止地面水冲刷而导致边坡、仰坡落石、塌方。截水沟及排水沟的上游进水口应与原地面衔接紧密或略低于原地面，下游出水应妥善地引入排水系统。

（3）边坡、仰坡以外的山体表面，如有坑洼积水时，应按设计要求予以处理；但不得用土石方填筑，以免流失堵塞排水沟渠，影响洞口安全。

（4）路堑两侧边沟应与排水设施妥善连接，使排水畅通。

（5）反坡施工洞口，施工期间洞口应设渗水盲沟，并将两侧排水沟于洞口部位设浆砌片石隔墙和洞外隔离。

3.3.3 临时防护

（1）洞口边仰坡开挖成形后，为防止地表水渗入开挖面，保证洞口坡体的稳定性，应及时进行防护。

（2）坡面临时防护施工前，应将岩面浮渣及危岩清除干净并用高压风将坡面清理干净。

（3）锚杆施工时，应先在坡面上确定锚杆位置，并控制钻孔方向进行钻孔，孔深和孔径应符合设计要求。钻孔完毕后应将孔内岩粉吹干净。

（4）坡体含水率较高或有地下水，坡面渗漏水较多时，应增设泄水孔或平孔排水。

3.3.4 进洞辅助措施

（1）超前管棚及超前小导管等辅助工程措施的施工方法按第6章相应项目执行。超前管棚推荐采用履带式潜孔钻机，如图3.3.4所示。

（2）辅助工程措施所用钢筋、钢管等材质，环向间距、纵向搭接长度和方向等布设参数，以及锚固所用材料均须符合设计及规范要求。

（3）采用注浆施工，施工单位注浆前应认真分析围岩性质，选择合理的注浆设备、材料和施工工艺。监理工程师应

图3.3.4 履带式潜孔钻机

进行旁站,记录单孔注浆压力和单孔实际注浆量,记录内容必须包含以下内容:施作里程范围、小导管(管棚)根数及长度、最大单根注浆量、最小单根注浆量、总注浆量(注浆量以使用水泥袋数或千克为单位)、注浆控制压力。对小导管、管棚的安装和注浆应有影像资料。

(4)套拱基础应设置在符合图纸要求且稳固的地基上,地基承载力应满足设计要求,基坑的渣体杂物、风化软层和积水应清除干净。

(5)应加强套拱内预埋的孔口管定向、定位控制,严格按设计确定其上抬量和角度,确保钻孔定位准确。

3.3.5 明洞工程

1)边墙施工

(1)明洞边墙基础应设置在符合图纸要求且稳固的地基上,地基承载力满足设计要求,基坑的渣体杂物、风化软层和积水应清除干净。严禁超挖回填虚土。

(2)偏压和单压明洞的外边墙基底,在垂直路线方向应按设计要求挖成一定坡度、向内的斜坡,以提高基底的抗滑力,如基底松软,应采取措施增加基底承载力。

(3)深基础开挖,应注意核查地质条件;如挖至设计高程,不符合图纸要求时,应提出变更设计。

(4)基础施工完成后应及时回填,避免雨水等侵蚀地基。

2)明洞衬砌及防水

(1)明洞衬砌及防水的施工要点可参照洞内二次衬砌,明洞衬砌与暗洞衬砌的防水设施应连接良好。

(2)明洞拱圈外模拆除、拱圈混凝土达到设计强度的50%后,应及时按设计规范要求施作防水层及拱脚纵向排水管、环向盲沟,防水板应向隧道内延伸不小于0.5m,并与暗洞防水板连接良好。

3)明洞回填

(1)拱圈混凝土达到设计强度,拱墙背防水设施完成后,方可回填拱背土方。

(2)明洞段顶部回填土方应对称分层夯实,每层厚度不得大于0.3m,两侧回填的土面高差不得大于0.5m;底部应铺填0.5~1.0m厚碎石并夯实;回填至拱顶后应分层满铺填筑,顶层回填材料宜采用黏土以利于隔水。明洞黏土隔水层应与边坡、仰坡搭接良好,封闭紧密。

墙背与岩(土)壁之间的回填应符合设计要求,不得任意抛填土石。

(3)使用机械回填时,拱圈混凝土强度应达到设计强度,且需先用人工填筑夯实回填至拱顶以上1.0m后,方可使用机械施工。

3.3.6 洞口工程

1)隧道洞口应尽可能减弱人工痕迹,洞口应与自然景观相协调。可适当在洞口种植高大树木,降低洞口亮度,使光线明暗过渡自然,如图3.3.6所示。

2）洞门基础开挖应注意基坑的支护，基础必须置于稳固的地基上，地基承载力满足设计要求，应做好防水、排水工作，防止基底被水浸泡。基坑废渣、杂物等必须清除干净。

图 3.3.6　与自然景观相协调的洞口

3）洞门端墙应与隧道衬砌紧密相连接。洞门端墙的砌筑（或浇筑）与墙背回填，应两侧同时进行，防止对衬砌产生偏压。

4）洞门建筑完成后，洞门以上仰坡坡脚如有损坏，应及时修补，确保坡顶以上的截水沟、墙顶排水沟及路堑排水系统完好、连通。

5）隧道明洞回填、洞门施工完成后，应及时做好洞口边坡及仰坡的地表恢复，应符合环境保护要求，做好水土保持。

6）洞门砌筑

（1）洞门采用料石砌筑时应分层砌筑。

（2）砌筑砂浆按试验确定的配合比，机械拌制。

（3）砌体施工过程中应及时按设计布置泄水孔，对个别出水点要及时将水引出，并做好墙背后反滤层、排水盲沟等。

（4）砌体的大面要平整，缝宽要一致。条石外露面的尺寸为 60cm×30cm，丁石外露面的尺寸为 30cm×30cm，缝宽为 2cm。

（5）隧道洞门严禁粘贴石板材或人造板材。

4 超前地质预报

4.1 一般规定

4.1.1 超前地质预报是保证隧道施工安全的重要环节和重要技术手段。要将超前地质预报作为隧道施工的一道工序,纳入施工组织设计。根据隧道的长短和地质复杂情况有针对性地编写超前地质预报方案设计。

4.1.2 隧道超前地质预报应达到下列主要目的:
(1)进一步查清掌子面前方的工程地质与水文地质条件,指导工程施工的顺利进行。
(2)降低地质灾害发生的几率和危害程度。
(3)为动态设计和施工提供地质依据。

4.1.3 超前地质预报应包含下列主要内容:
(1)地层岩性预测预报,特别是对软弱夹层、破碎地层、煤层及特殊岩土的预测预报。
(2)地质构造预测预报,特别是对断层、节理密集带、褶皱构造等影响岩体完整性的构造发育情况的预测预报。
(3)不良地质预测预报,特别是对溶洞、暗河、人为坑洞、放射性、有害气体、高地应力、高地温、高岩温等发育情况的预测预报。
(4)地下水预测预报,特别是对岩溶管道水及富水断层、富水褶皱轴及富水地层中的裂隙水等发育情况的预测预报。

4.1.4 工程开工前,建设单位可委托有资质的单位开展超前地质预报。执行"第三方"预报的隧道不能免除现行《公路隧道施工技术规范》所规定施工单位应承担的责任。

4.2 有关要求

4.2.1 监理工程师负责隧道超前地质预报实施大纲的审批,并对地质预报工作的实施情况进行监督和检查。

4.2.2 地质预报单位负责及时分析和研究超前地质预报成果,发现地质情况与设计情况不符的，要按程序及时通知各参建单位。

4.2.3 地质预报单位应编制地质预报实施大纲，并纳入施工单位的实施性施工组织设计，按程序报监理工程师审查，监理工程师应组织建设、设计单位并邀请相关专家进行评审，通过后负责组织实施。

4.2.4 施工单位应积极配合预报单位做好预报工作，并将预报工作纳入现场施工组织管理。要积极利用超前地质预报成果，当地质情况与设计不符时，应及时按变更设计程序提请进行变更设计，并不断完善隧道施工安全应急救援预案，做好隧道施工安全工作。

4.2.5 预报单位对超前地质预报成果及数据真实性负责。超前地质预报成果信息应传递顺畅，反馈及时，地质预报单位要在第一时间将检测预报成果及建议要求报送施工、设计、建设单位及监理工程师等有关各方，同时要在隧道洞口现场设资料箱，放置预报文件并指定专人保管，方便相关人员现场取用。

4.2.6 监理工程师应对隧道超前地质预报实施过程进行监理，负责监督检查预报单位现场专业技术人员（地质、物探）数量及能力、设备类型及数量、超前地质预报的实施和数据采集，以及做好相关协调工作等。

4.2.7 各相关单位应根据隧道开挖揭露的实际地质条件，结合隧道超前地质预报成果，及时并恰当地调整隧道围岩级别划分，据此作出变更设计和优化设计；根据不同的地质特性和预报目的，采取相应的预报方法并适时调整、提出相应的技术要求。

4.2.8 隧道超前地质预报应采用地质调查与勘探相结合、物探与钻探相结合、长距离与短距离相结合的综合预报方法，提高预报的科学性和准确性。

4.2.9 预报单位应及时编制预报成果报告、阶段性报告（月报、年报）和竣工总报告，并分送各相关单位。报告内容应规范完整，并包含以下主要内容：
（1）地质情况及水文地质情况；
（2）对照图纸提供的地质资料，预报地质条件变化情况及对施工的影响程度；
（3）预报可能出现的不良地质及其对施工的影响，以及处理措施；
（4）隧道施工中由于措施不当可能造成围岩失稳时，应及时采取的改进措施。

4.2.10 预报工作计划要与隧道施工进度相结合，并贯穿施工的全过程，做到全程预报。当施工进度与地质预报发生矛盾时，施工应为超前地质预报让路，避免盲目施工，确保超前地质预报工作的实施，并起到指导施工的作用。

4.2.11 施工过程中应将实际开挖的地质情况与预报结果进行对比分析,及时总结经验教训,指导和改进地质预报工作。

4.2.12 超前地质预报成果是调整和优化隧道设计参数、防护措施,优化施工组织,制订施工安全应急预案、工程变更设计的重要依据,参建各方要高度重视地质预报成果的应用。

4.2.13 施工阶段的超前地质预报不能代替勘察阶段的地质勘察工作及施工阶段的补充地质勘察工作,不得因进行施工阶段隧道超前地质预报工作而忽视勘察阶段的地质勘察工作及施工阶段的补充地质勘察工作。

4.3 超前地质预报方法

4.3.1 超前地质预报可采用地质调查法、超前钻探法(超前地质钻探、加深炮孔探测)、物探法(TSP地震波反射法、地质雷达、红外探测)和超前导坑预报法等。各种方法应联合使用,互为补充,相互验证。

4.3.2 地质调查法

地质调查法是根据隧道已有的勘察资料、地表补充地质调查资料和隧道内地质素描,通过地层层序对比、地层分界线及构造线地下和地表相关性分析、断层要素与隧道几何参数的相关性分析、临近隧道内不良地质体的前兆分析,利用常规地质理论、地质作图和趋势分析等,推测开挖工作面前方可能揭示地质情况的一种超前地质预报方法。地质调查法适用于各种地质条件下隧道的超前地质预报,其包括隧道地表补充地质调查和隧道内地质素描。隧道内地质素描随隧道开挖及时进行,对地层岩性变化点、构造发育部位、岩溶发育带附近等重点地段每1个开挖循环进行1次,其他一般地段不超过10m/次。

4.3.3 超前地质钻探

超前地质钻探是利用钻机在隧道开挖工作面进行钻探获取地质信息的一种超前地质预报方法。超前地质钻探适用于各种地质条件下隧道的超前地质预报,在富水软弱断层破碎带、富水岩溶发育区、煤层瓦斯发育区、重大物探异常区等地质条件复杂地段必须采用。断层、节理密集带或其他破碎富水地层钻1~3孔/循环,富水岩溶发育区钻3~5孔/循环。连续预报时前后两循环钻孔应重叠5~8m。钻探主要采用冲击钻和回转取芯钻,二者应合理搭配使用,提高预报准确率和钻进速度,减少占用开挖工作面的时间。

4.3.4 加深炮孔探测

加深炮孔探测是隧道开挖时,利用风钻或凿岩台车等开挖钻孔设备在隧道开挖工作面钻取浅孔获得地质信息的一种方法。加深炮孔探测适用于各种地质条件下隧道的超前地质预测,尤其适用于岩溶发育区,钻孔深度一般为4~8m(超前爆破孔3m以上),孔数根据开挖断面大小和地质复杂程度确定。

4.3.5 TSP或TGP地震波反射法

TSP或TGP地震波反射法属于多波多分量高分辨率弹性波反射法,通常是采用TSP203(或TSP202、TGP)仪器超前地质预报系统,在距隧道开挖工作面一定距离的两侧岩墙上预设震源产生多道地震波,地震波遇到岩石波阻抗差异界面产生不同地震信号反射,反射的地震信号被高灵敏度的地震检波器接收,通过专业软件处理,结合地质素描判断前方的工程地质和水文地质条件,获得不良地质体(软弱带、破碎带、断层、含水等)的位置及规模信息。TSP或TGP地震波反射法适用于划分地层界线、查找地质构造、探测不良地质体的厚度和范围。在软弱破碎地层或岩溶发育区一般每次预报距离为100m左右,在岩体完整的硬质岩石地层每次可预报150m左右。连续预报时前后应重叠10m以上。探测过程应避免施工机械噪声干扰。

4.3.6 地质雷达探测

地质雷达探测属于电磁波反射法,通常是采用38-75-150MHz的变频天线地质雷达和配套软件,以无线电波检测地下介质分布,对不可见目标体或地下界面进行扫描,以确定其内部结构形态或位置。地质雷达探测主要适用于隧道前方和周边的岩溶探测,也可用于断层破碎带、软弱夹层等不均匀地质体的探测。在完整围岩地段有效探测距离在30m以内,连续预报时前后两次重叠长度应不小于5m。为保证探测控制范围和精度,一般要求掌子面应布置不少于2条横向水平测线,有条件时宜布置垂向测线。

4.3.7 红外探测

红外探测是根据红外辐射原理,结合地质调查法,采用红外探测仪及配套分析软件系统,在现场布置一定数量的测线和测点,判断掘进断面前方和隧道外围是否存在隐蔽灾害源的测试技术。红外探测适用于定性判断探测点前方有无水体及水体方位,不能定量给出水量大小等参数。其有效探测范围一般是掌子面前方或岩壁外围30m以内。连续预报时前后两次重叠长度应不小于5m。

5 洞身开挖

5.1 一般规定

5.1.1 洞身开挖应根据地质条件、断面大小、机械设备等，选择适宜的开挖方案（包括开挖顺序、爆破、施工照明、通风、排水、支护、出渣等）。为了最大限度地利用围岩自承能力，必须采用有利于减少超挖、减少围岩扰动的开挖方法进行洞身开挖。

5.1.2 开挖作业应符合下列规定：
（1）确定合理的开挖步骤和循环进尺，保持各开挖工序相互衔接，均衡施工。
（2）开挖作业必须保证安全，不得危及初期支护、二次衬砌和设备的安全，并应保护好量测用的测点，宜减少对围岩的扰动。
（3）开挖断面尺寸应满足设计要求，应采用有效的测量手段控制开挖轮廓线；边沟、电缆沟及边墙基础应同时开挖；所有开挖应按图纸标明的开挖线并加入预留沉降量后的尺寸进行施工；开挖质量应符合设计及规范要求，严禁二次爆破开挖，在开挖过程中，施工单位应适时测定隧道轴线位置和高程。
（4）开挖后应做好围岩地质的核对，及时做好监控量测工作。地质变化处和重要地段，应有相应照片或文字描述记载。

5.1.3 隧道爆破应采用光面爆破，必要时采用预裂爆破技术；施工中应优化钻爆设计，提高钻眼效率和爆破效果，降低工料消耗。对不宜爆破、挖掘机又难以挖动的软弱围岩以及黄土地段，鼓励采用铣挖机配合装载机进行隧道开挖施工。

5.1.4 应有良好的通风、照明、调度、高压风、给排水、供电系统。

5.1.5 双向开挖隧道的贯通宜选择在围岩较好的地段。双向开挖距离接近时，两端施工应加强联系、统一指挥，并采取浅眼低药量，控制爆破震动；当两开挖面间的距离为15～30m时，应改为单向开挖，一端必须停止开挖，将人员机具撤走，并在安全距离处设立警告标志。对采用单向开挖的隧道，出洞前应反向开挖不少于30m或不小于洞口超前管棚长度，严禁在隧道洞口处贯通。

5.1.6 双洞开挖时,应根据两洞的轴线间距、洞口里程距离、地质条件及其他自然条件,选择适当的开挖方法,确定好两洞开挖的时间差和距离差,并采取措施防止后行洞开挖对先行洞周壁产生不良影响。一洞爆破时,另一洞严禁装药,且人员、设备须撤离至安全区域。

5.1.7 隧道爆破作业应严格按照国家有关爆破安全规程和技术标准施工,要加强民爆物品的安全管理,对瓦斯地层隧道施工还应符合现行《煤矿安全规程》的相关规定。

5.1.8 施工单位应安排好施工过程的测量,以保证隧道按设计方向和坡度施工,使开挖断面符合图纸所示尺寸,尽量做到不欠挖和不超挖。洞内应每隔50m设置一个水准点。

5.1.9 在施工过程中,施工单位应根据对开挖面的直接观察、围岩变形的量测结果,辅以超前地质预报,结合岩层构造、岩性及地下水情况,提出围岩分类的修改意见,并判定隧道围岩稳定性,提出相应的处理措施。

5.1.10 隧道开挖过程中应按第12章第12.2节的规定设置逃生管道。

5.2 施工工序

一般分离式隧道总体施工工序如图5.2所示。

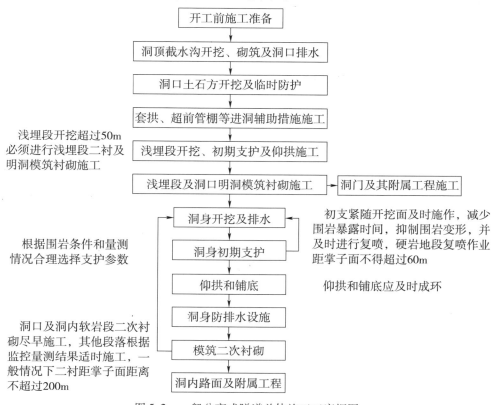

图5.2 一般分离式隧道总体施工工序框图

5.3 施工要点

5.3.1 开挖方法

隧道开挖必须与支护、衬砌施工相协调。如需变更设计除应满足技术规范要求外,还需满足以下原则:

(1)两车道土质和类土质、含水率高、承载力低的隧道宜采用中隔壁法(CD法)或交叉中隔壁法(CRD法)施工。

(2)三车道土质围岩和石夹土或土夹石的松散石质围岩、地下水丰富的隧道应按中隔壁法、交叉中隔壁法或双侧壁导坑法施工。

(3)浅埋大跨度隧道及地表下沉量要求严格而围岩条件很差时,应选用交叉中隔壁法或双侧壁导坑法施工。

(4)Ⅴ级围岩和浅埋段的Ⅳ级围岩每循环进尺控制在2榀钢拱架间距以内。

(5)采用环形导坑预留核心土法施工的隧道要严格按该施工工序组织施工,尤其是要加强钢拱架的锁脚,减少下沉;对土质的隧道应以核心土为基础设立2根临时钢架竖撑以支撑拱顶,核心土应根据围岩量测结果适当滞后开挖。

(6)采用上下台阶法施工的隧道,台阶分界线不得超过起拱线;上台阶长度不得过长,应尽量采用短台阶,以便及时成环封闭。上台阶长度应不大于30m;下台阶马口落底长度不大于2榀钢拱架的间距,应一次落底,并尽快封闭成环。

5.3.2 超欠挖控制

(1)应严格控制欠挖,拱、墙脚以上1m内断面严禁欠挖。

(2)应尽量减少超挖,不同围岩地质条件下的允许超挖值应符合规范要求。

(3)应采用光面爆破、提高钻眼精度、严格控制单响药量等措施,并提高作业人员的技术水平。

(4)开挖后应采用断面仪或激光投影仪直接测定开挖断面尺寸,并绘制断面图。

(5)隧道的开挖轮廓应按设计和相关规范要求预留变形量,并根据监控量测信息进行调整。

5.3.3 钻爆设计

(1)隧道掘进施工前,应进行专门钻爆设计,并进行试爆,根据试爆结果合理调整各项参数。

(2)石质隧道的爆破作业,应采用光面爆破。

(3)光面爆破参数如周边眼间距、最小抵抗线、相对距和装药集中度等,应采用工程类比或根据现行《公路隧道施工技术细则》合理选用,并根据实际爆破效果对光爆参数进行调整,以达到理想效果。光面爆破工作是隧道施工的基础性工作,施工、监理单位要加强检查,确保光爆质量。

(4)周边眼应根据围岩情况合理布置,保证开挖断面符合设计要求,硬岩开眼位置在开挖轮廓线上,软岩可向内偏5~10cm。

(5)铺底和仰拱底面采用预留光爆层爆破,Ⅱ、Ⅲ级围岩段的水沟应与隧底光爆层同时爆破成形。

(6)对于小净距隧道、连拱隧道以及地表周围有建(构)筑物的浅埋隧道,在开挖过程中,应监测围岩爆破影响深度以及爆破震动对周围其他建(构)筑物的破坏程度,对周围其他建(构)筑物及新浇混凝土的震动速度应满足规范要求。

5.3.4 钻爆作业

1)钻爆作业应按照钻爆设计进行。工艺流程见图5.3.4-1。

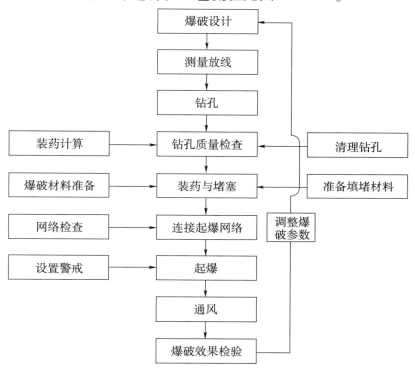

图5.3.4-1 钻爆作业工艺流程框图

2)机械设备选型配套

(1)机械设备应本着"性能先进、配套合理、着重工效"的原则,按大断面(长)隧道机械化施工技术要求选型配套。一般要求:一是开挖能力大于施工要求能力;二是装渣能力大于开挖能力;三是运输能力大于装渣能力;四是设备配置的富余系数不宜过大(一般>1.2),以避免造成部分设备能力的浪费。

(2)一般隧道大断面开挖可采用多层钻孔平台配12~18台风动凿岩机钻孔。对于长度大于5km或单向掘进超过2km的长大隧道应优先采用性能先进的多臂液压钻孔台车(见图5.3.4-2)进行施工。使用液压钻孔台车的要着手解决好以下几个问题:

①制订合理的机械台班费用;

②多方面挖潜节流,降低使用成本;

③做好维修保养工作,确保正常使用;
④做好配件采购工作,确保及时供应;
⑤提高操作人员的专业水平和素质,确保施工质量;
⑥台车钻爆工作一体化,提高工作效率。

图 5.3.4-2　多臂液压钻孔台车

(3)出渣运输设备的选型配套应保证机械设备充分发挥其功能,并应使出渣能力、运输能力与开挖能力相适应,宜配备大功率、大容量、性能先进的装运机械设备,加快施工进度。独头掘进 2km 以内的隧道一般采用无轨运输出渣;独头掘进超过 2km,应根据通风方案、辅助坑道来确定出渣方式。

(4)掘进 150m 以上,隧道施工必须实施管道通风,通风方式及风机功率应满足第 12 章第 12.3 节的规定。

3)测量放样布眼

(1)钻眼前应定出开挖断面中线、水平线,用红油漆准确绘出开挖断面轮廓线,并标出炮眼位置(误差不超过 5cm),经检查符合设计要求后方可钻眼。

(2)当开挖面凸凹较大时,应按实际情况调整炮眼深度,并相应调整装药量,除掏槽眼外的所有炮眼眼底宜在同一垂直面上。

4)钻眼

按照不同孔位,将钻工定点定位。钻工应熟悉炮眼布置图,能熟练的操作凿岩机械,特别是钻周边眼,一定要由有较丰富经验的老钻工司钻,有专人指挥,确保周边眼有准确的外插角,使两茬炮交界处台阶不大于 15cm。同时,根据眼口位置岩石的凹凸程度调整炮眼深度,保证炮眼底在同一平面上。

5)装药

(1)根据不同炸药的性能,合理选择爆破炸药。对硬岩、长大隧道可选择爆速高、爆后炮烟少、有害气体含量低的水胶炸药。

(2)加强炮眼堵塞,提高爆破效果,周边眼的堵塞长度不宜小于 400mm。宜配备专用炮泥机加工炮泥,提高炮孔堵塞质量。鼓励施工单位采用水压控制爆破法(ABM)等爆破效果较好的装药形式,减少炸药消耗量。

(3)装药前,要用高压风、水将炮眼内泥浆、存水及石粉吹洗干净。

(4)装药需分片分组,按炮眼设计图确定的装药量自上而下进行,雷管要"对号入座",要定人、定位、定段别,不得乱装药。

6)联结起爆网路施工应按现行《爆破安全规程》的有关规定执行。

7)非点炮人员撤至安全地点后才能引爆。爆破后必须经过通风排烟,其相距时间不得少于 15min,且洞内空气质量符合第 12 章第 12.3 节的规定,并经过以下各项检查和妥善处理后,其他工作人员才准进入工作面。

爆破后必须立即进行安全检查,如有瞎炮,必须由原爆破人员按现行《爆破安全规程》的有关规定进行处理,确认无误后才能出渣。

8)出渣运输线路或道路应设专人进行维修和养护,使其处于平整、畅通状态。线路或道路两侧的废渣和余料应随时清除。出渣运输车辆必须处于完好状态,制动有效,严禁人料混载,不准超载、超宽、超高运输。运装大体积或超长料具时,应有专人指挥,专车运输,并设置显示界限的红灯。

5.4 开挖方法

5.4.1 全断面开挖法

1)采用全断面一次开挖成形的施工方法,施工步骤参见图5.4.1,主要应用于两车道Ⅱ、Ⅲ及Ⅳ级较好围岩和三车道Ⅰ、Ⅱ、Ⅲ级围岩段的施工。

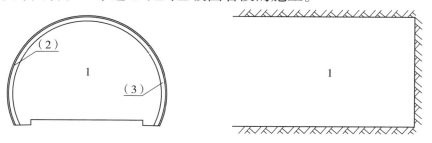

图5.4.1 全断面法施工横断面及纵断面示意图

2)施工顺序说明:(1)全断面开挖;(2)初期支护;(3)全断面二次衬砌。

3)施工要求:循环进尺宜控制在3~4m。

5.4.2 台阶法

1)台阶法施工首先开挖上半断面,待开挖至一定长度后同时开挖下半断面,上下半断面开挖同时进行。其施工步骤参见图5.4.2。

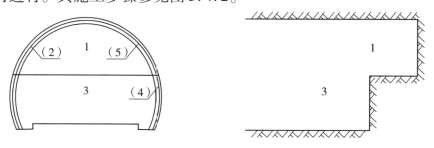

图5.4.2 台阶法施工横断面及纵断面示意图

2)施工顺序说明:(1)上台阶开挖;(2)上台阶初期支护;(3)下台阶开挖;(4)下台阶初期支护;(5)全断面二次衬砌。

3)施工要求

(1)台阶分层不宜多,上下台阶之间的距离尽可能满足机具正常作业,并减少翻渣工作量。当顶部围岩破碎,需支护紧跟时,可适当延长台阶长度。

(2)施工亦应先护后挖,宜采用超前锚杆或超前小钢管辅助施工措施。开挖应尽量采用微震光面爆破技术。

(3)初期支护应紧跟开挖面;上台阶施工时,钢架底脚宜设锁脚锚杆和纵向槽钢托梁以利下台阶开挖安全。下台阶在上台阶喷射混凝土强度达到设计强度的70%后开挖。

(4)隧道两侧的沟槽及铺底部分应和下台阶一次开挖成型。

(5)台阶分界线不得超过起拱线,上台阶长度不得大于30m,下台阶马口落底长度不大于2榀钢拱架的长度,应一次落底,并尽快封闭成环。

5.4.3 环形开挖留核心土法

1)环形开挖留核心土法是一种先开挖上部导坑成环形,并进行初期支护,再分部开挖剩余部分的施工方法。其施工步骤参见图5.4.3。

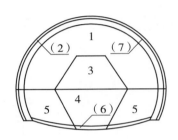 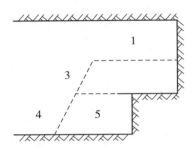

图5.4.3 环形开挖留核心土法施工工序横断面及纵断面示意图

2)施工顺序说明:(1)上弧形导坑开挖;(2)拱部初期支护;(3)预留核心土开挖;(4)下台阶中部开挖;(5)下台阶侧壁部开挖;(6)仰拱超前浇筑;(7)全断面二次衬砌。

3)施工要求

(1)环形开挖留核心土法,将开挖断面分为上、中、下及底部四个部分逐级掘进施工,核心土面积应不小于整个断面面积的50%。上部宜超前中部3~5m,中部超前下部3~5m,下部超前底部10m左右。

(2)核心土与下台阶开挖应在上台阶支护完成、喷射混凝土强度达到设计强度的70%后进行。为防止上台阶初期支护下沉、变形,其底部宜加设槽钢托梁,托梁与钢架连为一体,钢架底部应按设计要求设置锁脚锚杆,并与纵向槽钢焊接,锚杆布设俯角宜为30°。

(3)每一台阶开挖完成后,及时喷射4cm厚混凝土对围岩进行封闭,设立型钢钢架及锁脚锚杆,分层复喷混凝土到设计厚度,必要时各台阶设临时仰拱加强支护,完成一个开挖循环。

(4)对土质的隧道应以核心土为基础设立3根临时钢架竖撑以支撑拱顶和拱腰,核心土应根据围岩量测结果适当滞后开挖。

5.4.4 中隔壁法(CD法)

1)CD法是在软弱围岩大跨度隧道中,先分部开挖隧道的一侧,并施作中隔壁,然后再分部开挖另一侧的施工方法。其施工步骤参见图5.4.4。

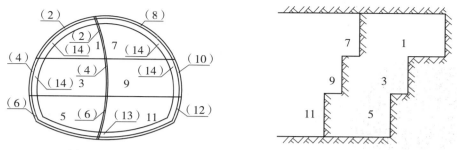

图 5.4.4 中隔壁法(CD 法)施工工序横断面及纵断面示意图

2)施工顺序说明:(1)先行导坑上部开挖;(2)先行导坑上部初期支护;(3)先行导坑中部开挖;(4)先行导坑中部初期支护;(5)先行导坑下部开挖;(6)先行导坑下部初期支护;(7)后行导坑上部开挖;(8)后行导坑上部初期支护;(9)后行导坑中部开挖;(10)后行导坑中部初期支护;(11)后行导坑下部开挖;(12)后行导坑下部初期支护;(13)仰拱超前浇筑;(14)全断面二次衬砌。

3)施工要求

(1)上部导坑的开挖循环进尺控制为 1 榀钢架间距(0.75~0.8m),下部导坑的开挖进尺可依据地质情况适当加大。

(2)中隔壁法或交叉中隔壁法施工时,初期支护完成后方可进行下一分部开挖,地质较差时,每个台阶底部均应按设计要求设临时钢架或临时仰拱;各部开挖时,周边轮廓应尽量圆顺;应在先开挖侧喷射混凝土强度达到设计要求后再进行另一侧开挖;左右两侧导坑开挖工作面的纵向间距不宜小于 15m;当开挖形成全断面时,应及时完成全断面初期支护闭合。

(3)导坑开挖孔径及台阶高度可根据施工机具、人员等安排进行适当调整。应配备适合导坑开挖的小型机械设备,提高导坑开挖效率。

(4)中隔壁的拆除工艺是关键技术,中隔壁拆除时间的判定要以拱顶下沉和净空收敛为依据,一般在拱顶下沉 7d 内增量在 2mm 以下作为拆除中壁的基准。同时,要求中隔壁的拆除应滞后于仰拱,一次拆除长度应根据量测数据慎重确定,拆除后应立即施作二次衬砌。

5.4.5 交叉中隔壁法(CRD 法)

1)CRD 法是在软弱围岩大跨度隧道中,先分部开挖隧道一侧,施作中隔壁和横隔板,再分部开挖隧道另一侧并完成横隔板施工的施工方法。其施工步骤参见图 5.4.5-1,施工示例见图 5.4.5-2。

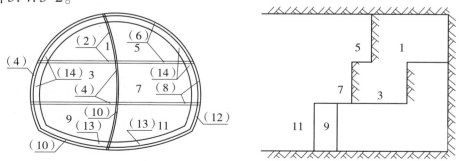

图 5.4.5-1 交叉中隔壁法(CRD 法)施工工序横断面及纵断面示意图

图 5.4.5-2　CRD 法施工示例

2)施工顺序说明:(1)左侧上部开挖;(2)左侧上部初期支护;(3)左侧中部开挖;(4)左侧中部初期支护;(5)右侧上部开挖;(6)右侧上部初期支护;(7)右侧中部开挖;(8)右侧中部初期支护;(9)左侧下部开挖;(10)左侧下部初期支护;(11)右侧下部开挖;(12)右侧下部初期支护;(13)仰拱超前浇筑;(14)全断面二次衬砌。

3)施工要求

(1)为确保施工安全,上部导坑开挖循环进尺控制为 1 榀钢架间距(0.6~0.75m),下部开挖可依据地质情况适当加大,仰拱一次开挖长度依据监控量测结果、地质情况综合确定,一般不宜大于 6m。

(2)中间支护系统的拆除时间应考虑其对后续工序的影响,当围岩变形达到设计允许的范围之内,并在严格考证拆除的安全性之后,方可拆除。中隔壁混凝土拆除时,要防止对初期支护系统形成大的振动和扰动。

(3)中隔壁的拆除时间要求同 CD 法。

(4)应配备适合导坑开挖的小型机械设备,提高导坑开挖效率。

5.4.6　双侧壁导坑法

1)双侧壁导坑法是分部开挖隧道两侧的导坑,并进行初期支护,再分部开挖剩余部分的方法。其施工步骤参见下图 5.4.6-1,施工示例见图 5.4.6-2。

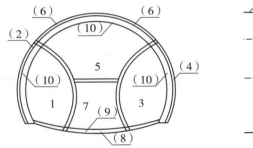 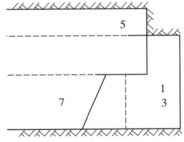

图 5.4.6-1　双侧壁导坑法施工工序横断面及纵断面示意图

2)施工顺序说明:(1)左(右)导坑开挖;(2)左(右)导坑初期支护;(3)右(左)导坑开挖;(4)右(左)导坑初期支护;(5)上台阶开挖;(6)上台阶初期支护、导坑隔壁拆除;(7)下台阶开挖;(8)仰拱初期支护;(9)仰拱超前浇筑;(10)全断面二次衬砌。

3)施工要求

(1)围岩开挖应尽量采用挖掘机和人工配合无爆破施工,局部需爆破施工时,宜弱爆破施工,以尽量减少对地层的扰动。

图 5.4.6-2　双侧壁导坑法施工示例

(2)开挖应严格按规范做好监控量测工作,随时掌握围岩及支护的变形情况,以便及时修正支护参数,改变施工方法;同时,应有较准确的超前地质预报。

(3)开挖时的排水工作要认真做好,在保证排水畅通的同时,重点要对两侧临时排水沟铺砌抹面,防止钢支撑基底软化。

(4)侧壁导坑开挖后,应及时施工初期支护并尽早形成封闭环;侧壁导坑形状应近于椭圆形断面,导坑跨度宜为整个隧道跨度的三分之一;左右导坑施工时,前后拉开距离不宜小于15m;导坑与中间土体同时施工时,导坑应超前30~50m。

5.5 连拱隧道

5.5.1 一般要求

(1)连拱隧道施工应严格按设计及规范要求采取强有力的超前预支护或预加固措施以保证开挖安全,还应特别注意地形偏压带来的不利影响。

(2)钻爆法施工应采用微震光面爆破和减轻震动爆破技术,以减轻爆破对围岩的扰动。

(3)连拱隧道施工应合理安排两侧主洞开挖、初支、二衬等工序的先后顺序及步距,减少先行洞、后行洞施工时相互对围岩及结构的扰动,以确保施工安全。

(4)一般情况下,连拱隧道施工不宜左右两洞齐头并进,同时开挖、衬砌,宜先左(右)洞、后右(左)洞,再左(右)洞、继而右(左)洞的逐步推进,如此往复循环依次进行;先行洞应选择在偏压侧及地质较为软弱的一侧;先行洞开挖超前另侧主洞30~50m,先行洞二次衬砌断面落后后行洞开挖面,距离可根据爆破震动监测结果现场确定,一般不小于2倍洞径。

(5)为确保施工安全,避免二衬出现开裂,要求左右洞必须至少各配备一台二次衬砌模板台车。

(6)应严格按设计要求进行中隔墙施工,中隔墙施工时应注意预埋与主洞钢支撑连接钢板。

5.5.2 施工工序

连拱隧道总体施工工序见图5.5.2-1,施工步骤参见图5.5.2-2。

5.5.3 施工要点

1)中导洞开挖

中导洞开挖决定着洞身开挖的方向,也是对洞身围岩的情况先行探察,为主洞的开挖积累资料和摸索情况,可及时与设计围岩进行对比、修正支护结构参数、指导主洞的施工。中导洞是隧道开挖的关键,必须准确控制开挖中线,仔细探察岩层情况。

中导洞贯通后,浇筑中隔墙混凝土。墙顶处的防、排水设施应按图纸及规范要求做好施工,以保证防、排水设施能充分发挥其效用,排水畅通,不渗不漏。

2)中隔墙施工

连拱隧道对中隔墙的地基承载能力要求较高,施工时应对地基进行测试,承载力不能满足要求时,应采取提高地基承载力的措施,如高压加固注浆等。

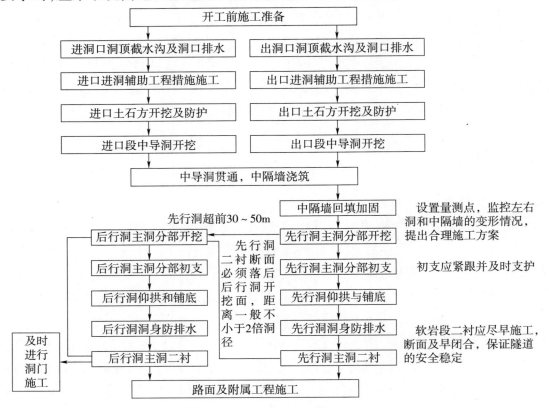

图 5.5.2-1　连拱隧道总体施工工序框图

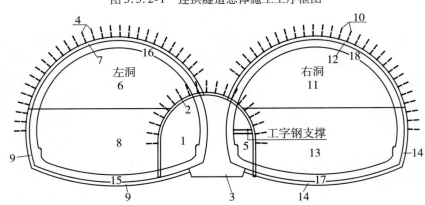

图 5.5.2-2　连拱隧道施工工序横断面示意图

中隔墙混凝土施工应符合下列要求:

(1)基础底面应清扫干净,无水、无石渣。

(2)墙身内预埋件、排水管应固定牢固,位置准确。中隔墙施工时应注意与主洞钢支撑连接钢板预埋牢固,并应加强对预埋排水和止水设施的保护。

(3)中隔墙顶部应与中导洞顶紧密接触、回填密实,要采取措施防止中隔墙顶部岩体变形而引起左右洞洞身变形。

(4)中隔墙模板宜采用定型钢模,以保证混凝土浇筑质量,加快中隔墙施工效率。

3）主洞施工

（1）开挖先行主洞前,后行主洞围岩与中隔墙之间的空隙应按设计要求进行回填密实或支撑顶紧;爆破设计时不得以中导洞作为爆破临空面。

（2）主洞上拱部的开挖,应在中隔墙混凝土浇筑完毕并达到强度要求后进行。

（3）开挖过程中应及时做好洞内排水系统,严禁洞内积水,软岩地段施工排水沟不应沿边墙设置,宜距墙基脚适当距离,以防止水沟渗水软化墙基底。

5.6 小净距隧道

5.6.1 一般要求

小净距隧道施工应结合中岩墙厚度、围岩条件及埋深等制订单项施工技术方案。该方案应严格贯彻设计意图,并包括以下内容:中岩墙预加固措施;先行洞和后行洞开挖方法;先行洞和后行洞爆破设计和爆破震动控制;先行洞和后行洞开挖错开距离;先行洞衬砌与后行洞开挖错开距离;各工序相互影响引起的滞后时间;非小净距隧道施工方案中的其他内容等。

5.6.2 开挖方法

（1）小净距隧道开挖方法的选择,应以减小对中岩墙的扰动,控制中岩墙的围岩变形,保证开挖过程中围岩的稳定性为原则,合理安排施工方法及施工工序。

（2）不同围岩条件、不同净距的小净距隧道按设计采用不同的开挖方法,Ⅴ级围岩应以机械开挖为主,辅以微量的弱爆破。

5.6.3 施工要点

1）小净距隧道爆破应进行专门设计,并进行试爆,测定震动值,严格控制爆破震动;先行洞与后行洞掌子面错开距离应大于2倍隧道开挖宽度。

小净距隧道施工应重点控制爆破对中岩墙的危害。相邻爆破分段起爆间隔时间宜不小于100ms。

对Ⅴ级围岩的中岩墙应预加固后再行主洞开挖。

2）小净距隧道的开挖和爆破

先行洞的开挖可采用与分离式隧道相同的施工方法,但应重视爆破震动对中岩墙的影响。后行洞的开挖,当采用CD法或CRD法开挖时,宜先开挖靠近中岩墙侧。

3）小净距隧道初期支护、二次衬砌应满足下列要求:

（1）先行洞的二次衬砌宜在围岩变形基本稳定后进行,宜落后于后行洞掌子面2倍隧道开挖宽度以上,且在初期支护变形基本稳定(参考值:周边位移速率小于0.2mm/d,拱顶下沉速率小于0.15mm/d)后尽早施工。

（2）为确保施工安全,避免二衬出现开裂,要求每个施工掘进面必须各配备一台二衬台车。

6 初期支护与辅助工程措施

6.1 一般规定

6.1.1 初期支护应配合开挖作业及时进行,确保围岩稳定及施工安全。

6.1.2 当掌子面自稳能力差时,应采取增加辅助工程或改变开挖方法等措施。

6.1.3 软弱围岩地段施工必须坚持"先支护(强支护)、后开挖(短进尺、弱爆破)、快封闭、勤量测"的施工原则,初期支护紧跟掌子面。Ⅳ~Ⅵ级围岩初期支护在未落底前,应采用加强锁脚,同时应保证尽早封闭成环。

6.1.4 隧道支护宜根据现场监控量测结果,分析施工中的各种信息,及时调整支护措施和支护参数。

6.1.5 施工中应做好地质描述、超前地质预报,应根据围岩条件的变化,因地制宜,提前采取相应措施,做到安全可靠、经济合理。

6.1.6 隧道施工作业人员安全防护应按第2章第2.4节规定配备;作业人员的皮肤应避免与速凝剂、树脂胶泥等化学制剂直接接触;作业区粉尘浓度必须符合第12章第12.3.2条及规范的要求。

6.2 喷射混凝土

6.2.1 一般要求

(1)喷射混凝土不得采用干喷工艺,宜在软弱及有水地层采用潮喷工艺施工、在硬岩少水地层采用湿喷工艺施工。
(2)液体速凝剂应采用环保无碱速凝剂。
(3)喷射混凝土配合比应通过试验确定并满足设计强度和喷射工艺的要求。
(4)隧道开挖后应及时初喷,硬岩地段复喷作业距离掌子面不得大于60m,软岩地段初期支护应紧跟掌子面。

6.2.2 施工工序

喷射混凝土施工工序见图 6.2.2。

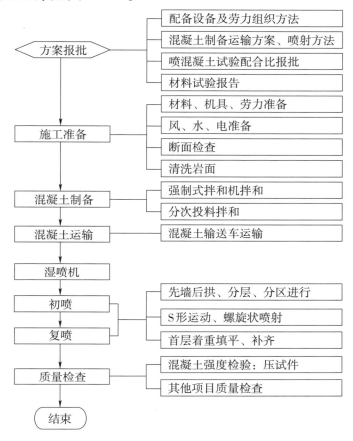

图 6.2.2 喷射混凝土施工工序框图

6.2.3 施工要点

1）喷射混凝土作业前应做好下列准备工作：

（1）岩面有渗水时，应先引排处理。当局部出水量较大时，可采用埋管、凿槽、树枝状排水盲沟等措施，将水引导疏出后再喷射混凝土。

（2）应埋设标志或利用锚杆外露长度控制喷射混凝土的厚度，以确保最小厚度满足设计要求。

（3）检查材料、机具、劳力的准备情况，检查风、水、电等管线路，并试运转，作业面具有良好的通风和照明条件。

2）喷射混凝土原材料要求：

（1）水泥：宜选用硅酸盐水泥或普通硅酸盐水泥。特殊情况下可采用特种水泥，采用特种水泥时应进行现场试验，指标应满足设计要求。

（2）粗集料：应采用连续级配、坚硬耐久的碎石，最大粒径不应大于 13.2mm，其压碎值应≤16%，针片状颗粒含量≤25%，含泥量≤2.0%。

（3）细集料：要求采用连续级配、坚硬耐久、颗粒洁净、粒径小于 4.75mm 的河砂或机制砂,细度模数宜大于2.5,其含泥量≤5.0%。

(4)外加剂:应对混凝土的强度及围岩的黏结力基本无影响,对混凝土和钢材无腐蚀作用,易于保存,不污染环境,对人体无害。外加剂使用前必须进行相应性能试验。凡喷射混凝土拟用于堵塞漏水灌浆,或要求支撑加固尽快达到强度值,可掺加早强剂于混合料中。为使喷射混凝土在喷射后达到速凝,可掺加速凝剂于混合料中。

(5)速凝剂:应根据水泥品种、水灰比等,通过不同掺量的混凝土试验选择掺量,使用前应做好速凝效果试验,要求初凝不应大于5min,终凝不应大于10min。应采用液体速凝剂,严禁采用粉状速凝剂。

(6)水:应符合工程用水的有关标准,不得使用污水、pH值小于4的酸性水和硫酸盐含量(以SO_4^{2-}计)超过水质量1%的水。在喷射混凝土的用水中,不应含有影响水泥正常凝结与硬化的有害杂质。

(7)外掺料:外掺料剂量应通过试验确定,加外掺料后的喷射混凝土性能必须满足设计要求。

3)喷射作业

(1)隧道开挖后应立即对岩面喷射混凝土,以防岩体发生松弛。

(2)喷射作业应分段、分片依次进行,喷射顺序自下而上进行,每次作业区段纵向长度不宜超过6m。

(3)喷射混凝土作业需紧跟开挖面时,下次爆破距喷射混凝土作业完成时间的间隔不小于4h。

(4)喷射混凝土混合料应随拌随喷,回弹物不得重新用作喷射混凝土材料。

(5)一次喷射厚度应根据设计厚度和喷射部位确定,初喷厚度宜为40~60mm。复喷一次喷射厚度拱顶不得大于100mm,边墙不得大于150mm。首层喷混凝土时,要着重填平补齐,将小的凹坑喷圆顺。岩面有严重坑洼处采用锚杆吊模模喷混凝土处理。

(6)喷射作业应以适当厚度分层进行,后一层喷射应在前一层混凝土终凝后进行。若终凝后间隔1h以上且初喷表面已蒙上粉尘时,受喷面应用高压风、水清洗干净。

(7)喷射混凝土作业时喷嘴应垂直岩面;喷嘴距岩面距离以0.6~1.2m为宜,喷射料束与受喷面垂线成5°~15°夹角时最佳;喷射时,应使喷射料束螺旋形运动;喷射机工作压力应控制在0.1~0.15MPa。

(8)钢架与壁面之间的间隙应用喷射混凝土充填密实;喷射混凝土应由两侧拱脚向上对称喷射,并将钢架覆盖、保证将其背面喷射填满,黏结良好。拱脚基础喷射混凝土要密实,严禁悬空。

(9)喷混凝土终凝2h后,应喷水养护,养护时间不少于7d;隧道内环境温度低于+5℃时,不得喷水养护。

(10)冬季施工时,喷射混凝土作业区的温度不应低于5℃,混合料进入喷射机的温度不应低于5℃,在结冰的岩面上不得进行喷射混凝土作业。混凝土强度未达到6MPa前不得受冻。

6.3 锚杆

6.3.1 一般要求

(1) 隧道锚杆施工质量执行工后检测。挂防水板之前，监理工程师对隧道锚杆长度、数量、注浆饱满度进行检测，抽检频率不低于 1%。

(2) 为保证拱部锚杆的施作质量，对拱部锚杆推荐采用专门锚杆机进行施作，锚杆机性能必须适合硬岩条件下的钻孔要求，见图 6.3.1-1。侧墙及拱腰部位可采用气腿式凿岩机钻孔。

(3) 所有锚杆都必须安装垫板，垫板应与喷射混凝土紧密接触。

(4) 锚杆施工在初喷后及时进行。Ⅳ、Ⅴ级围岩的系统锚杆尾端应预留足够长度，确保锚杆垫板能够在复喷完成后安装，锚杆施作位置用红漆进行标识，以便于锚杆质量检测。锚杆头采用专用防护套保护，避免刺破防水板。锚杆位置标识见图 6.3.1-2。

图 6.3.1-1　锚杆机

(5) 隧道现场监理工程师应准备锚杆验收专用记录本。对每次锚杆的检查验收，应详细注明锚杆施作的里程桩号、围岩等级、锚杆施作情况、设计数量、实做数量等。每期锚杆计量必须附隧道现场监理工程师签认的锚杆验收记录复印件。隧道锚杆严禁长杆短做、以短代长作弊行为。

(6) 对中空锚杆的注浆，监理工程师必须要有旁站记录，严禁不注浆行为。

图 6.3.1-2　锚杆位置标识图

6.3.2 施工工序

中空注浆锚杆施工工序见图 6.3.2，其他种类的锚杆施工工序基本相同，可参照执行。

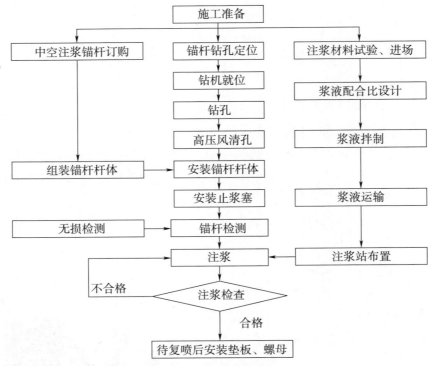

图 6.3.2 中空注浆锚杆施工工序框图

6.3.3 施工要点

1）钻孔深度不应小于锚杆杆体有效长度，但深度超长值不应大于100mm。

2）钻孔宜保持直线，系统锚杆钻孔方向宜与开挖面垂直，当岩层层面或主要结构面明显时，应尽可能与其成较大交角，但与开挖面的垂直偏差不应大于20°；局部锚杆应尽可能与岩层层面或主要结构面成大角度相交。

3）锚杆深度要求：锚杆孔深允许偏差为±50mm。

4）锚杆材料应满足设计要求，并符合下列规定：

（1）锚杆杆体宜选用 HRB335、HRB400 钢，杆体直径 20～28mm，杆体屈服抗拉力≥150kN，强屈比≥1.2；

（2）锚杆用的各种水泥砂浆强度不应低于 M20；

（3）锚杆垫板材料宜采用 Q235 钢材。

5）安装垫板时，应确保垫板与锚杆轴线垂直，确保垫板与喷射混凝土层紧密接触。当锚杆孔的轴线与孔口面不垂直时，可采用以下两种方法进行调整：一是在螺帽下安装楔形垫块；二是在垫板后用砂浆或混凝土找平。锚杆砂浆凝固前不得加力。

6）普通水泥砂浆锚杆

（1）普通水泥砂浆锚杆，施工顺序为成孔后先注浆再安装锚杆。

（2）普通水泥砂浆锚杆宜选用螺纹钢筋作锚杆。锚杆外露端应加工 120～150mm 的标准螺纹，并采用配套标准螺母。

（3）砂浆配合比（质量比）：水泥∶砂∶水宜为1∶（1～1.5）∶（0.45～0.5），砂的粒径不宜大于3mm。

(4)砂浆应随拌随用,一次拌和的砂浆应在初凝前用完,已初凝的砂浆不得使用。

(5)采用单管注浆工艺,灌浆管应插至距孔底50~100mm处,开始注浆后反复将注浆管向孔底送,使砂浆将孔内多余的水挤压出孔外,之后随水泥砂浆的注入缓慢匀速拔出。灌浆压力不宜大于0.4MPa。

(6)注浆开始或中途暂停超过30min时,应用水润滑灌浆罐及其管路。

(7)砂浆灌注后应及时插入锚杆杆体,锚杆杆体插到设计深度时,孔口应有砂浆流出,若孔口无砂浆流出,则应将杆体拔出重新灌浆。全长黏结锚杆应灌浆饱满。

7)中空注浆锚杆

(1)对中空锚杆的注浆,监理工程师应要有旁站记录,严禁不注浆行为。

(2)中空注浆锚杆施工时应保持中空通畅,并留有专门排气孔。螺母应在砂浆初凝后拧紧,并使垫板与喷射混凝土面紧密接触。

(3)中空注浆锚杆应有锚头、垫板、螺母、止浆塞等配件。

(4)注浆过程中,注浆压力应保持在0.3MPa左右,待排气口出浆后,方可停止灌浆。

8)水泥砂浆药包锚杆

(1)应对药包做泡水检验,药包包装纸应采用易碎纸。

(2)药包不应有受潮结块现象,药包宜在清水中浸泡,随用随泡。

(3)药包应以专用工具推入钻孔内,防止中途破裂。

(4)锚杆宜采用手送插入并转动锚杆,也可锤击安装,但不得损伤锚头螺纹。

(5)锚杆插到设计深度时,孔口应有砂浆流出,无流出时应补灌砂浆。

(6)砂浆的初凝不得小于3min,终凝不得大于30min。

(7)应使垫板与喷射混凝土紧密接触。

6.4 钢架

6.4.1 一般要求

(1)钢架应分节段制作,每节段长度应根据设计尺寸及开挖方法确定,不宜大于4m。每片节段应编号,注明安装位置。型钢钢架宜采用冷弯法制作成型。钢架节段可采用工厂化加工制作方案,亦可在现场加工制作。现场加工的格栅钢架应按1:1胎模控制尺寸,所有钢筋节点必须采用焊接。

(2)拱架接头钢板厚度及螺栓规格必须符合设计要求;接头钢板螺栓孔必须采用机械钻孔,孔口采用砂轮机清除毛刺和钢渣,要求每榀之间可以互换,严禁采用气割冲孔。常用钢板钻孔机见图6.4.1。

(3)钢架加工尺寸应符合设计要求,其形状应与开挖断面相适应。

(4)不同规格的首榀钢架加工完成后,应放在平地上试拼,周边拼装允许偏差为±30mm,平面翘曲应小于20mm。当各部尺寸满足设计要求时,方可批量生产。

图 6.4.1 钢板钻孔机

6.4.2 施工工序

钢架安装施工工序见图 6.4.2。

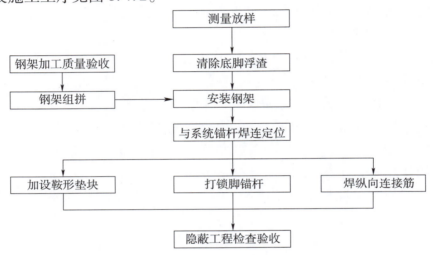

图 6.4.2 钢架安装施工工序框图

6.4.3 施工要点

(1)钢架安装前应检查开挖断面轮廓、中线及高程。

(2)钢架安装应确保两侧拱脚必须放在牢固的基础上。安装前应将底脚处的虚渣及其他杂物彻底清除干净;脚底超挖、拱脚高程不足时,应用喷射混凝土填充;拱脚高度应低于上半断面底线 15～20cm,当拱脚处围岩承载力不够时,应向围岩方向加设钢垫板、垫梁或浇筑强度不低于 C20 的混凝土以加大拱脚接触面积。

(3)钢架应分节段安装,节段与节段之间应按设计要求连接。连接处用系筋固定(系筋为长 1mϕ22 锚杆钢筋),以加强该处的连接强度,连接钢板平面应与钢架轴线垂直,连接钢板连接紧密(见图 6.4.3)。

(4)相邻两榀钢架之间必须用纵向钢筋连接,连接钢筋直径不应小于 18mm,连接钢筋间距不应大于 1.0m。

（5）钢架立起后，根据中线水平将其校正到正确位置，然后用定位筋固定，并用纵向连接筋将其和相邻钢架连接牢靠。钢架安装时应垂直于隧道中线，竖向不倾斜，平面不错位、不扭曲。上、下、左、右允许偏差±50mm，钢架倾斜度应小于2°。

（6）钢架在初喷混凝土后安装，应尽可能与围岩或初喷面密贴，有间隙时应采用混凝土垫块楔紧，严禁采用片石回填。

（7）钢架应严格按设计架设，间距必须符合设计要求，拱架安装位置采用红油漆进行标注，并编写号码。

（8）下台阶开挖时，预留洞室的位置也要按设计要求进行支护，只有在施工二衬时方可拆除，以确保安全。

（9）钢架安装就位后，钢架与围岩之间的间隙应用喷射混凝土充填密实，并使钢架与喷射混凝土形成整体。喷射混凝土应由两侧拱脚向上对称喷射，并将钢架覆盖，临空一侧的喷射混凝土保护层厚度应不小于20mm。

图6.4.3　钢架连接示例图

（10）钢架应经常检查，如发现破裂、倾斜、弯扭、变形以及接头松脱漏空等异状，必须立即加固。

（11）钢架的抽换、拆除，应本着"先顶后拆"的原则进行，防止围岩松动坍塌。

6.5　钢筋网

6.5.1　一般要求

（1）材料应满足设计要求，钢筋网钢筋在使用前应调直并清除锈蚀和油渍。

（2）钢筋网铺设原则上应在施工现场进行，如受开挖进尺影响，可采用模具加工钢筋网。

6.5.2　施工要点

（1）应在初喷一层混凝土后再进行钢筋网的铺设。

（2）钢筋网宜随受喷面起伏铺设，与受喷面间隙宜控制在20～30mm之间。

（3）钢筋网应与锚杆或其他固定装置连接牢固，在喷射混凝土时不得晃动。

（4）钢筋搭接长度不得小于$30d$（d为钢筋直径），并不得小于一个网格长边尺寸。

6.6　超前锚杆支护

6.6.1　一般要求

（1）超前锚杆搭接长度应大于1m，锚杆插入孔内的长度不得小于设计长度。

(2)超前锚杆宜和钢架支撑配合使用,外插角宜为5°~20°。锚杆长度宜为3~5m,并应大于循环进尺的2倍。

(3)锚杆材料符合本章第6.3节的要求。

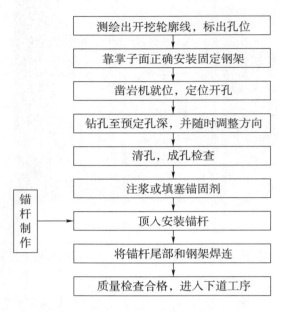

图6.6.2 超前锚杆施工工序框图

6.6.2 施工工序
超前锚杆施工工序见图6.6.2。

6.6.3 施工要点
(1)测量开挖面中线、高程,画出开挖轮廓线,并点出锚杆孔位,孔位允许偏差为±20mm。

(2)钻孔台车或凿岩机就位,对正孔位钻孔,达到设计要求后,用吹管、掏勺将孔内碎渣和水排出。

(3)超前锚杆安装

注浆或填塞锚固药卷:将早强锚固剂药卷放在水中,泡至软而不散时取出,再人工持炮棍将药卷塞满至孔深1/3~1/2处。注浆施工按本章第6.3节执行。

安装锚杆:用人工持铁锤将锚杆打入,以锚杆达孔底且孔口有浆液流出为止。

(4)将锚杆的尾部和系统锚杆的环向钢筋或钢架焊连,以增强共同支护作用。

(5)锚杆沿开挖轮廓线周边均匀布置,尾端与钢架焊接牢固,锚杆入孔长度符合要求。

6.7 超前小导管预注浆支护

6.7.1 一般要求
(1)超前小导管直径应按设计要求选用和加工,长度应满足设计要求,纵向搭接长度应不小于1.0m。

(2)对小导管注浆要有旁站记录,记录内容必须包含以下内容:施作里程范围、小导管根数及长度、注浆控制压力、最大单根注浆量、最小单根注浆量、总注浆量(注浆量以使用水泥袋数或千克为单位)。同时对小导管、管棚的安装和注浆必须要有影像资料。严禁不注浆行为。

6.7.2 施工工序
超前小导管预注浆施工工序见图6.7.2。

6.7.3 施工要点
(1)超前小导管和钢架联合支护时,宜从钢架腹部穿过,尾端与钢架焊接。超前小导管沿隧道纵向开挖轮廓线向外以10°~30°的外插角钻孔,将小导管打入地层。导管环向间距宜为200~500mm。超前小导管和钢架联合支护示例见图6.7.3-1。

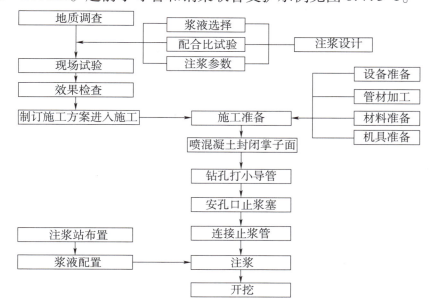

图6.7.2 超前小导管预注浆施工工序框图

(2)钻孔、安装小导管后,管口用麻丝和锚固剂封堵钢管与孔壁间空隙,管口安装封头和孔口阀,并能承受规定的最大注浆压力和水压,见图6.7.3-2。

图6.7.3-1 超前小导管和钢架联合支护示例图

图6.7.3-2 管口封头和孔口阀示例图

(3)注浆前,应对开挖面及周边喷射混凝土封闭,以防止注浆作业时发生孔口跑浆现象。

(4)注浆压力应为0.5~1.0MPa,注浆按由下至上的顺序施工,浆液先稀后浓、注浆量先大后小。

(5)结束标准:以终压控制为主,注浆量校核。当注浆压力为0.7~1.0MPa,持续15min即可终止。

(6)注浆后至开挖的时间间隔,应视浆液种类决定。当采用单液水泥浆时,开挖时间为注浆后8h,采用水泥—水玻璃浆液时为4h左右。开挖时应保留1.5~2.0m的止浆墙,防止下一次注浆时孔口跑浆。

6.8 超前管棚支护

6.8.1 一般要求

（1）超前管棚支护的长度和钢管外径应满足设计要求。纵向搭接长度应不小于3m。

（2）超前管棚钢管外径宜为$\phi(70\sim180)$mm，钢管中心间距宜为管径的2~3倍，外插角宜为1°~5°，单根钢管长度宜为4~6m。

6.8.2 施工工序

超前管棚施工工序见图6.8.2。

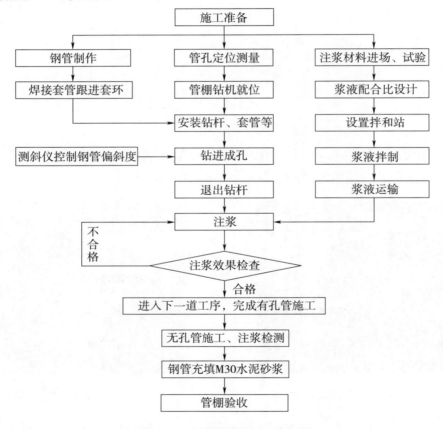

图6.8.2 超前管棚施工工序框图

6.8.3 施工要点

（1）沿隧道开挖轮廓线纵向钻设管棚孔，其外插角以侵入隧道开挖轮廓线越小越好。孔深不宜小于10m，孔径比管棚钢管直径大20~30mm，钻孔顺序由高孔位向低孔位进行。

（2）接长管棚钢管时，接头应采用厚壁管箍，上满丝扣，丝扣长度不应小于150mm。接头应在隧道横断面上错开。

（3）管棚定位：以套拱内预埋的孔口管定向、定位，严格控制其上抬量和角度。

（4）钻孔施工采用管棚钻机，利用套管跟进的方法钻进，长管安装一次完成。为保证长管棚施工质量,在拱脚部位,选 2 个孔作为试验孔,找出地层特点,并进行注浆和砂浆充填试验。

(5)安装钢管时,先打有孔钢管,注浆后再打无孔钢管。每钻完一孔便顶进一根钢管。

(6)为确保注浆质量,在钢管安装后,管口用麻丝和锚固剂封堵钢管与孔壁间空隙,钢管自身利用孔口安装的封头将密封圈压紧,压浆管口上安装三通接头。

(7)用双液注浆时,应按先下后上,先单液浆、再双液浆,先稀后浓的原则注浆。注浆量由压力控制,初压 0.5～1.0MPa,终压为 2.0MPa。达到结束标准后,停止注浆。

(8)注浆后,扫排管内胶凝浆液,用水泥砂浆紧密充填,增强管棚的刚度和强度;对于非压浆孔,直接充填即可。

6.9 超前预注浆

6.9.1 一般要求

(1)注浆管的长度应满足设计要求,宜为 15～30m。
(2)注浆管的布置角度及深度应符合设计要求。
(3)注浆管应根据设计要求选用相应规格的钢管加工。
(4)注浆材料及浆液配合比应根据地质条件、注浆目的、注浆工艺等因素确定。一般情况下注浆材料应选用水泥系浆材,不宜采用化学浆材,水泥一般选用普通硅酸盐水泥。采用水泥浆液时,水灰比可采用 0.5∶1～1∶1。采用水泥—水玻璃浆液,应根据胶凝时间配制。一般水泥浆液的水灰比为 0.5∶1～1∶1,水玻璃浓度为 25～40 波美度时,水泥浆与水玻璃的体积比宜为 1∶1～1∶0.3。
(5)注浆压力应根据岩性、施工条件等因素在现场试验确定。注浆过程中应根据浆液扩散情况、注浆量、注浆压力等参数调整注浆材料和配合比。
(6)注浆方式可选用前进式、后退式或全孔式,注浆顺序宜为先内圈孔、后外圈孔,先无水孔、后有水孔,从拱顶顺序向下进行。

前进式注浆:当钻孔遇到较大涌水时,应暂停钻孔,待压浆后钻孔,重复钻孔、注浆。
后退式注浆:当钻孔中涌水量较小时,则钻孔可直接钻到设计深度,然后从孔底向孔口分段注浆。
全孔式注浆:当钻孔直到孔底,然后一次注浆完毕。

6.9.2 施工工序
超前预注浆施工工序见图 6.9.2。

6.9.3 施工要点
1)钻孔施工

8～15m的浅孔可采用钻孔台车或重型风钻钻孔,当孔深超过15m时,则应采用地质钻机钻孔。

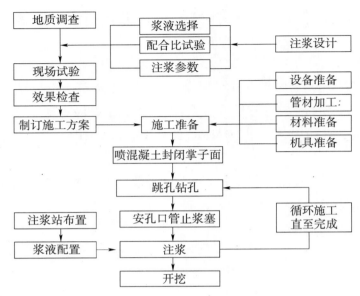

图6.9.2 超前预注浆施工工序框图

2)注浆作业:注浆机具设备应性能良好,满足使用要求。

(1)注浆前应进行压水或压入稀浆试验,判断地层的吸浆和扩散情况,确定浆液种类、浓度和注浆压力,发现与设计不符时,应立即调整。

(2)在涌水量大、压力高的地段钻孔时,应先设置带闸阀的孔口管;当出现大量涌水时,拔出钻具,关闭孔口管上的闸阀,做好准备后进行注浆;当掌子面围岩破碎时,应先设置止浆墙和孔口管。孔口管埋入止浆墙深度应根据最大注浆压力而定;孔口管应为无缝钢管,直径不宜小于90mm。

安装注浆管时,应在注浆管孔口处用胶泥和麻丝缠绕,使之与钻孔孔壁充分挤压塞紧,实现注浆管的止浆与固定。胶泥凝固到有足够强度后方可进行注浆。

(3)分段注浆时,应设置止浆塞,止浆塞应能承受注浆终压。

(4)注浆过程中应做好施工记录,施工记录应包括孔位、孔径、孔深、浆液配合比、注浆压力、注浆量、跑浆及串浆等情况的说明。发现问题应及时处理。

(5)浆液的浓度、胶凝时间应符合设计要求,不得任意变更。

3)注浆结束条件

(1)单孔结束条件:注浆压力达到设计终压并稳定10min,且进浆速度小于开始进浆速度的1/4,或注浆量不小于设计注浆量的80%。

(2)全段结束条件:所有注浆孔均已符合单孔结束条件,无漏注情况。

4)注浆后必须对注浆效果进行检查,如未达到要求,应进行补孔注浆。

注浆效果的检查方法通常有三种:

(1)分析法:分析注浆过程,查看每个孔的注浆压力、注浆量是否达到设计要求;注浆过程中漏浆、跑浆是否严重,从而以浆液注入量估算注浆扩散半径,分析是否与设计相符。

(2)检查孔法:用地质钻机按设计孔位和角度钻检查孔提取岩芯进行鉴定,同时测定检查孔的吸水量(即钻机漏水量),单孔时应小于1L/(min·m),全段应小于20L/(min·m)。

(3)物探无损检测法:用地质雷达、声波探测仪等物探仪器对注浆前后岩体声速、波速、振幅及衰减系数等进行无损探测来判断注浆效果。

6.10 地表砂浆锚杆

地表砂浆锚杆是对地层预加固的一种方法,它适用于浅埋、洞口地段和某些偏压地段。其施工工艺及施工要点参照本章第6.3节执行。

6.11 地表注浆

地表注浆是对于隧道埋深小于50m,围岩稳定性较差,开挖过程中可能引起塌方的不良地质地段,通过从地面向下钻孔注浆,对围岩、地层进行预先加固。其施工工艺及施工要点参照本章第6.9节执行。

6.12 初期支护质量要求

6.12.1 超挖部位必须采用喷射混凝土回填或用同强度等级的混凝土模筑,严禁人为预留空腔或掺填片石。

6.12.2 外观要求:喷混凝土均匀密实,表面平顺光亮,无干斑或流滑现象。表面不平顺需补喷。施工过程可采用直尺进行平整度检查。

6.12.3 喷射混凝土强度要求
(1)同批试件组数 $n \geq 10$ 时
试件抗压强度平均值不低于设计值;任一组试件抗压强度不低于0.85倍设计值。
(2)同批试件组数 $n < 10$ 时
试件抗压强度平均值不低于1.05倍设计值;任一组试件抗压强度不低于0.9倍设计值。

6.12.4 锚杆数量和抗拔力的要求
锚杆数量不少于设计;锚杆28d抗拔力平均值≥设计值,最小抗拔力≥0.9倍设计值,抽检频率为锚杆数的1%,且不少于3根。

6.12.5 建设单位和监理单位要加强初期支护质量监督检查,必要时可委托具有计量认证合格证书(CMA)的专业检测单位对初期支护的混凝土强度、厚度、空洞情况、锚杆施工质量和钢拱架(钢格栅)间距进行检测。检测项目见表6.12.5-1及表6.12.5-2。

隧道锚杆质量检测结果汇总 表6.12.5-1

	序号	桩号及部位	设计长度(m)	检测结果				结论
				实测长度(m)	注浆饱满度	锚杆类型		
						设计	实际	
隧道	1							
	2							
	3							
	合格率			%				

隧道初期支护质量检测成果表 表6.12.5-2

测段	桩号	探测位置	初支混凝土厚度(cm)			钢支撑情况			背后空洞情况	围岩级别	备注
			最大	最小	设计	数量(榀)	平均间距(m)	设计间距(m)			
1	（每个测段里程长度不超过10m）	拱顶									
2											
3											
4											
5		左拱腰									
6											
7											
8		右拱腰									
9											

7 仰拱与铺底

7.1 一般规定

7.1.1 隧道设有仰拱时,应及时安排施工,使支护结构早闭合,改善围岩受力状况、控制围岩变形、保障施工安全。

7.1.2 仰拱顶上的填充层及铺底应在拱墙混凝土及二衬施工前完成,宜保持超前3倍以上衬砌循环作业长度,以利于衬砌台车模筑混凝土施工,铺底与掌子面距离不超过60m。

7.1.3 仰拱宜全断面一次开挖成型,不宜左右半幅分次浇筑。铺底混凝土可半幅浇筑,并及时进行施工,以改善洞内交通状况和施工环境。但接缝应平顺并做好防水处理。

7.1.4 仰拱开挖应严格按已审批开挖方案进行,并结合拱墙施工抓紧进行仰拱初期支护和仰拱模筑混凝土施工,实现支护结构早闭合。

7.1.5 仰拱、铺底施工时,应按图纸要求预埋路面下横向盲沟、拱脚纵横向排水管等排水设施,并注意设置与二衬贯通的变形缝。

7.1.6 浅埋段仰拱应尽快封闭成环。

7.1.7 仰拱、铺底施工过程中应采取措施保证洞内临时交通通畅。可采用搭过梁或栈桥施工方案,设临时车辆通行平台保证不中断运输。

7.1.8 隧道底部(包括仰拱),超挖在允许范围内应采用与衬砌相同强度等级混凝土浇筑;超挖大于规定时,应按设计要求回填,不得用洞渣随意回填,严禁侵入衬砌断面(或仰拱断面)。

7.1.9 铺底混凝土厚度和强度应满足设计和施工要求,避免在车辆反复行驶后损坏。

7.2 施工工序

仰拱和铺底的施工工序分别见图 7.2-1、图 7.2-2。

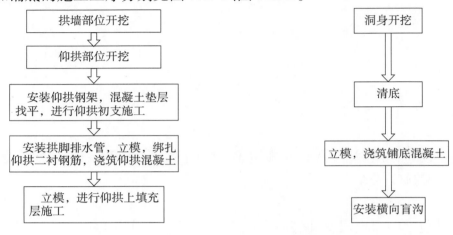

图 7.2-1　仰拱施工工序框图　　　　图 7.2-2　铺底施工工序框图

7.3 施工要点

7.3.1 开挖

（1）仰拱土层开挖应以人工配合机械开挖为主。

（2）隧道底两隅与侧墙连接处应平顺开挖,避免引起应力集中。边墙钢架底部杂物应清干净,保证与仰拱钢架连接良好。

（3）仰拱开挖当遇变形较大的膨胀性围岩时,底面与两隅应预先打入锚杆或采取其他加固措施后,再行开挖。

（4）软岩地段特别处于洞口部位或洞内断层破碎带的隧道仰拱开挖必须严格按审批方案进行施工,须严防一次开挖范围大,造成隧道侧墙部位收敛变形过大,影响施工安全。

7.3.2 初期支护

（1）仰拱开挖完成后,应及时进行仰拱初期支护施工。先施作混凝土垫层,再打锚杆、安装仰拱钢架,然后采用喷射混凝土或模筑混凝土施工。

（2）初期支护混凝土强度、厚度、钢架加工安装质量等应符合设计及规范要求。同时建设单位可委托有资质的专业检测单位进行检测。

（3）当仰拱底无初期支护层时,宜先施作混凝土垫层,形成良好的作业面,以利于进行仰拱钢筋安装、立模等作业。

（4）仰拱钢支撑的数量必须满足设计要求,与边墙拱架的牛腿要进行认真焊接,确保焊接质量。

7.3.3 二衬钢筋

(1)仰拱钢筋的制作及安装应符合设计及规范要求。仰拱两侧二衬边墙部位的预埋钢筋伸出长度应满足和二衬环向钢筋焊连要求,且将接头错开,使同一截面的钢筋接头数不大于50%。

(2)仰拱二衬钢筋的绑扎必须要保证双层钢筋的层距和每层钢筋的间距符合设计要求,层距的定位一般通过焊接定位钢筋来确定,见图7.3.3。

(3)仰拱二衬两侧边墙部位的预埋钢筋的弯曲弧度应与隧道断面设计的弧度相符,伸出长度应满足和二衬环向钢筋焊接的要求(搭接长度应符合规范要求),同时钢筋间距应均匀并满足设计要求。

图7.3.3 仰拱二衬钢筋示例图

7.3.4 混凝土施工

(1)仰拱混凝土应超前拱墙混凝土施工,仰拱和铺底施工前应清除积水、杂物、虚渣等。

(2)仰拱、仰拱上的填充层及铺底混凝土配合比应准确,必须使用模板、机械捣固密实。仰拱混凝土可采用泵送浇筑,应使用拱架模板保证成型尺寸符合设计要求。仰拱和填充层一次立模施工时,应先按设计完成仰拱混凝土施工,适当间歇后,再改变混凝土配合比,进行填充层混凝土施工。

(3)仰拱填充采用片石混凝土时,片石应距模板50mm以上,片石间距应大于粗集料的最大粒径,并应分层摆放,捣固密实。

(4)仰拱以上的混凝土或片石混凝土应在仰拱混凝土达到设计强度的70%后施工。

(5)仰拱和铺底混凝土强度达到设计强度100%后方可允许车辆通行。

(6)仰拱浇筑时,应采取措施防止混凝土向中间低处流动,造成中间超厚,边部厚度不足。

8 防水与排水

8.1 一般规定

8.1.1 隧道施工防排水设施应与营运防排水工程相结合;应按设计做好防水混凝土、防水隔离层、施工缝、变形缝、诱导缝防水,盲沟、排水管(沟)排水通畅;防排水材料应符合国家、行业标准,满足设计要求,并有出厂合格证明,不得使用有毒、污染环境的材料;隧道防排水不得污染环境,隧道排水不得直接排入饮用水源。

8.1.2 隧道防排水施工应遵循"防、排、截、堵相结合,因地制宜,综合治理"的原则进行施工,保证隧道结构物和运营设备的正常使用和行车安全,并对地表水、地下水妥善处理,行成一个完整通畅的防排水系统。

8.1.3 隧道施工前应根据工程地质、水文地质资料制订防排水方案。施工中应按现场施工方法、机具设备等情况,选择不妨碍施工的防排水措施。

8.1.4 洞内出现的地下水,经化验确认对衬砌结构有侵蚀性时,应按图纸要求针对不同侵蚀类型采取相应的抗侵蚀措施。设计无要求时,应及时上报变更处理。

8.1.5 要加强衬砌背后的防排水设施,强调结构自身防水,对可能的疑点进行封堵及引排。衬砌背后防排水设施施工应根据隧道的渗水部位和开挖情况适当选择排水设施位置,并配合衬砌进行施工;隧道侧沟、横向盲沟等排水设施亦应配合衬砌等进行施工。
如图纸无特殊要求,衬砌背后的流水均应排入隧道内侧排水沟。若有压浆时,不得将排水设施堵塞。

8.1.6 防水层应在初期支护基本稳定时施工,并做好防水板的保护工作。

8.1.7 停车带、洞室与正洞连接处的防排水工程应与正洞同时完成,其搭接处应平顺,不得有破损和折皱。

8.1.8 加强成品保护工作,开挖和衬砌作业不得损坏防水层,当发现层面有损坏时应及时修补;防水层在下一阶段施工前的连接部分,应采取措施保护。

8.2 施工工序

隧道防排水包括结构防排水和施工防排水。结构防排水施工工序见图8.2-1,施工防排水施工工序见图8.2-2。

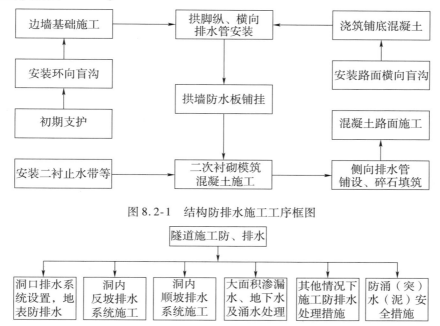

图8.2-1 结构防排水施工工序框图

图8.2-2 施工防排水施工工序框图

8.3 施工防排水

8.3.1 一般要求

(1)隧道洞口及辅助坑洞(井)口应及时做好排水系统,完善防排水措施。

(2)隧道进洞前应做好洞顶、洞口、辅助坑道口的地面排水系统,防止地表水的下渗和冲刷。对于覆盖层较薄和渗透性强的地层,地表水应及早处理。

(3)边坡、仰坡坡顶的截水沟应结合永久排水系统在洞口开挖前修建,其出水口应防止顺坡面漫流,洞顶截水沟应与路基边沟顺接组成排水系统,应防止水流冲刷弃渣危害农田和水利设施。

8.3.2 施工要点

1)洞内顺坡排水一般采用临时排水沟,洞内应做到不积水、不泥泞,方便施工和检查。临时排水沟断面应满足隧道中渗漏水和施工废水的需要,并经常清理排水设施,防止淤塞,确保水路畅通。水沟位置应远离边墙,宜距边墙基脚不小于1.5m。

在膨胀岩、土质地层、围岩松软地段等特殊或不良地质地段隧道中,排水不宜直接接触围岩,宜根据需要对排水沟进行铺砌或用管槽代替,排水沟中不得有积水。

台阶法施工时,上台阶应在下台阶开挖前架槽(管)将水引排至下台阶排水沟内,横向分幅开挖时应挖横向排水沟将水引至未开挖一侧,严禁漫流浸泡下台阶基坑。

2)对于反坡排水的隧道,可根据距离、坡度、水量和设备等因素布置排水管道,或一次或分段接力将水排出洞外。接力排水时应在掌子面设置临时集水坑,并每隔200m设置集水坑,通过水泵逐级抽排至洞口,其机械排水能力不小于估算的地下水量的1.5倍。

3)洞内水量较大时的处理措施:

(1)洞内有大面积渗漏水和股水时,宜集中汇流引排。可采用钻孔集中汇流引排,并将钻孔位置、数量、孔径、深度、方向和渗水量等作详细记录,在确定衬砌拱墙背后排水设施时应考虑上述因素。

(2)在地下水发育的易溶性岩层中施工,为防止水囊、暗河及高压涌水的突然出现,开挖工作面上应布设超前钻孔,并制订防止涌水的安全措施。

(3)明挖基坑和隧道洞口处,应保持地下水位稳定在基底开挖线0.5m以下,必要时采取降水措施。如洞内涌水或地下水位较高时,可采用井点降水法和深井降水法处理。

4)加强地质超前预报工作,制订防涌(突)水的安全预案,落实各项安全救援措施。

8.4 结构防排水

8.4.1 一般要求

1)防排水材料应符合国家、行业标准,满足设计要求,并有出场合格证明,不得使用有毒、污染环境的材料。

2)防排水外购材料质量要求

(1)为确保隧道营运期间有良好的防水效果,高速公路隧道防水卷材不宜使用复合片,可采用均质片+无纺土工布的防水层结构形式或者直接采用点粘片。

(2)均质片、点粘片的母材厚度(不包含无纺土工布)不宜小于1.5mm;无纺土工布规格不低于$300g/m^2$。

(3)防水板宜选用高分子材料,一般幅宽为2~4m,耐刺穿性好、柔性好、耐久性好。

(4)由于隧道存在基面凹凸不平的特殊性,对隧道防水卷材的指标要求高于其他工程,施工单位在选材时应优先选择物理性能指标高的防水卷材。应具有耐老化、耐细菌腐蚀、有足够强度及延伸率、易操作、易焊接且焊接时无毒气的特点。

(5)防水板、土工布、止水带、塑料排水盲沟、PVC排水管等特殊材料应由监理工程师统一现场抽检,执行"盲样"送检的制度。送检的检验项目应至少包括:规格尺寸、外观质量、常温拉伸强度、常温扯断伸长率、撕裂强度、低温弯折、不透水性能。

8.4.2 施工要点

1)衬砌背后防排水

(1)衬砌背后防排水设施有纵、横、环向盲管,中心排水管(沟)等,应配合衬砌进行施工,施工时既要防止因漏水而造成浆液流失,还要注意灌注混凝土或压浆时,浆液不得浸入沟管内,确保预埋的透水盲沟不被堵塞;并注意排水孔道的连接,以形成一个有机、通畅的排水系统。

(2)排水盲管的材质、直径,透水孔的规格、间距应符合设计及有关标准规范的规定;在地下水较大的地段应适当加密;环向排水盲管应紧贴支护表面或渗水岩壁安设,排水盲管布置应圆顺,不得起伏不平。

(3)排水管系统应按设计连通形成完整的排水系统。管路连接应采用变径三通方式,连接牢固、畅通,安装坡度符合设计要求。纵向排水管与三通接头连接后,要用土工布进行包裹。要做好纵向排水管的高程控制,确保排水通畅,见图8.4.2-1。

(4)拱脚的横向排水管要能够及时有效地将二衬背后的水排入边沟,施工过程要经常检查,以确保整个排水系统的通畅,见图8.4.2-2。

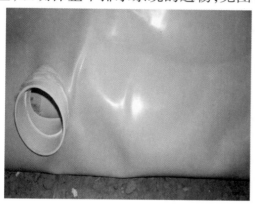

图8.4.2-1 排水管系统示例图一

图8.4.2-2 排水管系统示例图二

(5)为便于隧道掘进期间的排水,侧向排水沟的排水管铺设和碎石填筑待施工隧道路面时再行施作。

(6)中心排水管(沟)基础的总体坡度、段落坡度、单管坡度应协调一致,并符合设计要求,不得高低起伏,应和仰拱、铺底同步施工。中心排水管(沟)埋设好后,应进行通水试验,发现积水、漏水应及时处理。

2)防水板铺设

(1)防水板施工工序见图8.4.2-3。

(2)防水板铺设应超前二衬施工1~2个衬砌段,形成铺挂段→检验段→二衬施工段,流水作业。

(3)防水板施工前,应复核中线位置和高程,检查断面尺寸,保证衬砌施工后的衬砌厚度和净空满足规范和设计要求。防水板铺挂前应进行的基面检查及处理的主要内容包括:

①初期支护表面应平整,无空鼓、裂缝、松酥,对于初支表面外露的锚杆头、钢筋网头等坚硬物应采用电焊或氧焊将齐根切除,并用1∶2水泥砂浆抹平,以防止顶破排水板;

②对局部凹凸部分,应修凿、喷补,使其表面平顺,对超挖较大的部位必须挂网喷锚;

③基面明水应提前设盲管引排,对于洞顶的大面积渗水,可用防水板配合盲管集中引

排到临时排水边沟,见图8.4.2-4;

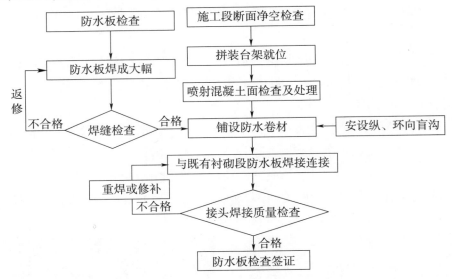

图8.4.2-3　防水板施工工序框图

④初期支护表面平整度应满足拱脚 $D/L\leqslant 1/6$,拱顶 $D/L\leqslant 1/8$(D 为初期支护表面相邻两凸面间的距离,L 为该两凸面之间凹进去的深度)。

图8.4.2-4　排水管系统示例图三

(4)防水板的挂前拼焊

①在洞外据拟铺挂面积的大小将2~3幅幅面较窄的成卷防水板下料,然后将其平铺在地面上拼焊成便于运输、铺挂的大幅面防水板,减少洞内作业的焊缝数量,以提高焊接质量。防水板应减少接头。

②防水板拼接采用热合机双焊缝焊接,要求搭接宽度不小于100mm,控制好热合机的温度和速度,保证焊缝质量。焊缝应严密,单条焊缝的有效焊接宽度不应小于12.5mm。焊接前待焊接头板面应擦净,并应根据材质通过试验确定焊接温度和速度。焊接时应避免漏焊、虚焊、烤焦或焊穿。

③沿隧道纵向一次铺挂长度宜比本次二次衬砌施工长度多1.0m左右,以使与下一循环的防水层相接;同时可使防水层接缝与衬砌混凝土接缝错开1.0m左右,有利于防止混凝土施工缝渗漏水。

(5)铺挂防水板

①防水板宜采用专用台车铺设,专用台车应与模板台车的行走轨道为同一轨道,台车前端应设有检查初期支护内轮廓的钢架。

②为保证防水板铺挂质量,应先进行试铺定位。

③固定点间距的控制:尺量检查,固定点间距在拱部为0.5~0.7m,在侧墙为1.0~1.2m,在凹凸处应适当增加固定点,布置均匀。

松弛率：防水板吊环间距需根据其铺挂松弛率要求来确定，环向松弛率经验值一般取10%，纵向松弛率一般取6%。根据初期支护表面平整程度适当调整，以保证灌注混凝土时板面与喷射混凝土面能密贴，见图8.4.2-5。

防水板洞内铺挂宜由下至上、环状铺设，将预先焊接在防水板上的吊环用木螺钉固定在膨胀管上固定。

（6）铺后续接：防水板的"铺后续接"是指前后两幅大幅面防水板之间的连接，应先用热合焊机焊接环向接缝。施工应将待焊的两块板面接头擦净、对齐，保证搭接长度，严格控制焊接温度、焊机行走速度，保持焊机与焊缝良好接触，做到行走平稳。热合焊机焊完，应加强检查，对个别漏焊处用电烙铁补焊；对丁字焊缝因焊接困难、易漏焊或焊缝强度不足，采取用焊胶打补丁的方法补强处理。

图8.4.2-5 防水板示例图

（7）焊缝检查：防水板的接头处不得有气泡、折皱及空隙，接头处应牢固，焊缝强度应不低于母材，通过抽样试验检测。

防水板的搭接缝焊缝质量采用"充气法"检查，当压力达到0.25MPa时停止充气，保持压力15min，压力下降在10%以内，焊缝质量合格。

（8）成品防护：当衬砌紧跟开挖时，衬砌前端的防水板要采取保护措施，防止爆破飞石砸破防水板；开挖、挂防水板、衬砌三者平行作业时，铺设防水层地段距开挖面不应小于爆破安全距离，并在施工中做好防水板铺挂成形地段防水板的保护：绑扎钢筋时，钢筋头加装保护套；焊接钢筋时在焊接作业与防水板之间增挂防护板；防水层安装后严禁在其上凿眼打孔；振捣混凝土时，振捣棒不得接触防水板。

在浇筑二次衬砌混凝土前，应检查防水层铺设质量和焊接质量，如发现有破损情况，必须进行处理。

防水板需要修补时，修补防水层的补丁不得过小，补丁形状要剪成圆角，不应有长方形、三角形等的尖角。防水层修补后一般用真空检查法检查。

（9）铺设防水层安全保护和记录。

铺设防水层地段距开挖工作面不应小于爆破安全距离。二次衬砌时，不得损坏防水层。

防水层应按隐蔽工程办理，二次衬砌前应检查质量，并认真填写质量检查记录。

3）施工缝的处置

（1）水平施工缝：墙体水平施工缝不应设在剪力和弯矩最大处或铺底与边墙的交接处，宜设置在高出铺底面不小于300mm的墙体上。拱墙结合的水平施工缝，宜设置在拱墙接缝线以下150～300mm处。

水平施工缝在混凝土浇筑前，应将其表面清理干净，涂刷混凝土界面处理剂；或者，先刷不低于结构混凝土强度等级的净浆,再铺 25～30mm 厚的 1∶1 水泥砂浆,及时浇筑混凝土。

(2)垂直施工缝:垂直施工缝设置宜与变形缝相结合。垂直施工缝施工时,应将其表面浮浆和杂物清除,刷不低于结构混凝土强度等级的净浆或涂混凝土界面处理剂,及时浇筑混凝土。端头模板应支撑牢固,严防漏浆。端头应埋设表面涂有脱模剂的楔形硬木条(或塑料条),形成预留浅槽,其槽应平直,槽宽比止水条宽 1～2mm,槽深为止水条厚度的 1/2～1/3,将遇水膨胀止水条牢固地安装在预留浅槽内。

(3)应采取有效措施确保止水带位置准确,固定牢固。

4)变形缝的处置

变形缝应满足密封防水、适应变形、施工方便、检修容易等要求,变形缝的施工应注意:

(1)沉降变形缝的最大允许沉降差值应符合设计规定,设计无规定时,不应大于 30mm。当计算沉降差值大于 30mm 时,应采取特殊措施。

(2)沉降变形缝的宽度宜为 20～30mm。伸缩变形缝的宽度宜小于此值。

(3)变形缝处的混凝土结构厚度不应小于 300mm。

(4)缝底应设置与嵌缝材料无黏结力的背衬材料或遇水膨胀止水条。

(5)变形缝嵌缝施工时,缝内两侧应平整、清洁、无渗水;缝内应设置与嵌缝材料无黏结力的背衬材料,嵌缝应密实。

(6)变形缝的设置位置应使拱圈、边墙和仰拱在同一里程上贯通。

5)止水带施工

(1)止水带的接头不得设在结构转角处,并尽可能不设接头。

(2)止水带埋设位置准确,其中间空心圆环应与变形缝的中心线重合;止水带定位时,应使其在界面部位保持平展,防止止水带翻滚、扭结,如发现有扭结不展现象应及时进行调正。在固定止水带和灌注混凝土过程中应防止止水带偏移,以免单侧缩短,影响止水效果。可采用定位钢筋准确定位。

(3)止水带先施工一侧混凝土时,其端头模板应支撑牢固,严防漏浆。

(4)隧道断面变化处或转角处的阴角应抹成半径不小于 50mm 的圆弧,以便止水带施工。止水带在隧道断面变化处或转角处应做成弧形,橡胶止水带的转角半径不应小于 200mm,钢片止水带不应小于 300mm,且转角半径应随止水带的宽度增大而相应加大。

(5)不得在止水带上穿孔打洞固定止水带。在固定止水带和灌注混凝土过程中应注意保护止水带不被钉子、钢筋和石子等刺破。如发现有刺破、割裂现象,必须及时修补。

(6)宜加强混凝土振捣控制,排除止水带底部气泡和空隙,使止水带和混凝土紧密结合,应注意防止振捣造成止水带偏位或破损。

(7)止水带的长度应根据施工需要事先向生产厂家定制,尽量避免接头。如确须接头,应连接牢固,宜设置在距铺底面不小于 300mm 的边墙上。根据止水带材质和止水部位可采用不同的接头方法。橡胶止水带的接头形式应采用搭接或复合接;塑料止水带的接头形式应采用搭接或对接。止水带的搭接宽度不应小于 100mm,冷粘或焊接的缝宽不应小于 50mm。

9 二次衬砌

9.1 一般规定

9.1.1 为保证衬砌工程质量,隧道一般地段(含洞身、明洞、加宽段)的二衬施工必须采用全断面模板台车和泵送作业。

9.1.2 隧道二衬台车执行准入制度,按本章第9.3.3条进行审批验收。

9.1.3 隧道洞口段二衬必须及时施作,掘进超过50m时,必须停止开挖进行二衬施工;洞内软岩段二次衬砌应尽早施工,其他段落根据监控量测结果适时施工。一般情况下二衬作业面距铺底作业面距离为30m,距矮边墙作业面距离为50m,二衬距掌子面距离不得超过200m,以保证施工安全。

9.1.4 二衬施工前须对初期支护断面进行激光测量,对不符合要求的应进行处理。

9.1.5 洞内出现的地下水,经化验确认对衬砌结构有侵蚀性时,应按图纸要求针对不同侵蚀类型采取不同类型的抗侵蚀性混凝土。设计无要求时,应及时上报变更处理。

9.1.6 当围岩级别有变化时,衬砌断面的级别也应相应变化,但需获得监理工程师批准。围岩较差地段的衬砌,应向围岩较好地段伸延,不宜小于5m。

9.1.7 隧道防排水设施、预埋件及预留洞室模板等的安装质量要符合设计及规范要求。

9.1.8 建设单位要委托有资质的专业检测单位对二衬钢筋、保护层厚度、空洞情况进行检测。对检查不合格的项目,施工单位必须进行整改处理。

9.1.9 对于破碎软弱围岩,在放样时可适当扩大设计轮廓线,以满足隧道建筑限界要求。

9.1.10 对已完成的衬砌地段,应继续观察二衬的稳定性,注意变形、开裂等现象,及时记录。

9.2 施工工序

二次衬砌施工工序见图9.2。

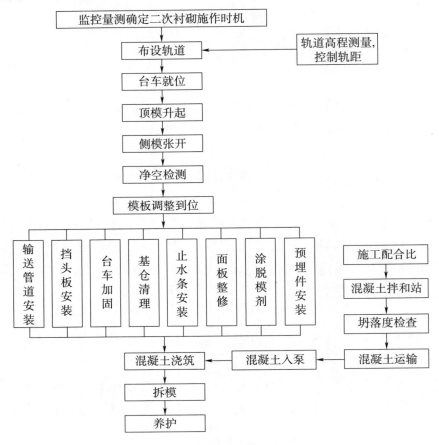

图9.2 二次衬砌施工工序框图

9.3 衬砌模板台车

9.3.1 一般要求

(1)二次衬砌施工(含加宽段)应采用全液压自动行走的整体衬砌台车,衬砌台车应结构尺寸准确,各种伸缩构件、液压系统、电气控制系统运行良好,合理设置各支承机构,应满足自动行走要求,并有闭锁装置,保证定位准确。

(2)二衬台车应在隧道进洞前进场,连拱隧道、小净距隧道一端应有两部二衬台车,以确保左右线开挖面与二衬的合理步距,确保结构安全。对加宽段处在Ⅳ、Ⅴ级围岩段落的,应专门配备加宽段整体衬砌台车,以确保加宽段二衬及时施作。

(3)台车整体模板板块由面板、支撑骨架、铰接接头、作业窗等组成,当衬砌断面较大,所承受荷载较大时,支撑骨架应制成桁架结构,并尽量减少板块接缝数量。模板及支架应具有足够的强度、刚度、稳定性,能安全地承受所浇筑混凝土的重力、侧压力以及在施工中可能产生的各项荷载。模板不凹凸,支架不偏移、不扭曲,满足多次重复使用不变形。台车设计应便于整体移动、准确就位。

（4）台车模板支撑桁架门下净空应满足隧道衬砌前方施工所需大型设备通行要求；桁架各层平台的高度要满足混凝土施工要求,利于工人进行安管、混凝土捣固等施工作业,必须要有上下行的爬梯,见图9.3.1-1。

（5）为保证衬砌净空,模板外径应考虑变形量适当扩大,作为预留沉降量。

（6）两车道二衬台车面板钢板厚应不小于10mm；三车道隧道二衬台车面板钢板厚应不小于12mm；四车道的二衬台车必须经过计算,邀请有关专家研究审查后定制。为减少二衬模板间痕迹,外弧模板每块钢板宽度推荐采用2m,但不应小于1.5m,板间接缝按齿口搭接或焊接打磨。

（7）为确保二衬台车具有一定的刚度和强度,推荐两车道台车每延米质量应不低于6.8t,三车道台车每延米质量应不低于8.5t。

（8）应在环向3m、5.3m、拱顶处设置作业窗,作业窗口间距纵向不宜大于3m,横向不宜大于2.5m,窗口尺寸50cm×50cm,且应整齐划一；作业窗周边应加强,防止周边变形,窗门应平整、严密、不漏浆。

（9）二衬台车的长度应根据隧道的平面曲线半径、纵坡合理选择,长度一般为10~12m,对曲线半径小于1 200m的台车长度不应大于9m。

（10）衬砌台车应工厂制造、现场拼装,现场拼装时应检查其中线、断面和净空尺寸等；衬砌前对模板表面进行彻底打磨,清除锈斑,涂油防锈；对模板板块拼缝进行焊接并将焊缝打磨平整,抑制使用过程中模板翘曲变形而影响混凝土表面质量,避免板块间拼缝处错台。

（11）已使用过的二衬台车应对各种伸缩构件、液压系统、电气控制系统运行状况进行严格的调试,确保使用状态良好,否则应予更换。必须更换新的外弧模板,并经专业模板厂家整修合格。

（12）矮边墙宜与二衬同时浇筑,以提高二衬整体质量。整体浇筑时要求二衬台车下挂设可收放的矮边墙钢模板,见图9.3.1-2。

图9.3.1-1　台车爬梯示例图

图9.3.1-2　矮边墙模板示例图

9.3.2 拼装调试

（1）二衬台车现场拼装完成后，必须在轨道上往返走行3~5次后，再次紧固螺栓，并对部分连接部位加强焊接以提高其整体性。

（2）检查台车模板尺寸，要求准确，其两端的结构尺寸相对偏差宜不大于3mm，否则需进行整修。衬砌前对钢模板表面采用抛光机进行彻底打磨，清除锈斑，涂油防锈，见图9.3.2。

（3）挡头模板应满足承受混凝土压力的刚度，厚度应适当加厚，安装稳固、严密。

（4）施工过程中出现二衬错台，应暂停二衬施工，全面查找原因，重点查找台车就位加固措施是否有效、混凝土输送管是否固定、挡头模板或两边模板是否变形等，要及时整修加固，经监理工程师同意后方可继续二衬施工。

（5）每施作衬砌500~600m，台车应全面校验一次，校验可在隧道加宽带进行。

图9.3.2 台车模板整修示例图

9.3.3 审批验收

台车的审批验收共分为两阶段，由监理工程师组织成立专门的审批验收小组，对每座隧道的二衬台车进行审批验收。

第一阶段（二衬台车进场前报批）：施工单位进场后应立即着手进行二衬台车进场前的准备工作，进场前两个月内向监理工程师上报拟进场二衬台车的数量、台车长度、外观几何尺寸、新旧程度、面板厚度及每块板的宽度、每台台车质量等主要台车参数，经监理工程师批准许可后方可组织进场。

第二阶段（二衬台车验收）：二衬台车进场后，由施工单位填写验收表，并报监理工程师，监理工程师应在7个工作日内依据批复的二衬台车进场许可对施工单位进场的二衬台车进行验收，验收合格后，施工单位进行二衬台车的拼装调试，调试成功后，报监理工程师组织验收，若验收发现问题，施工单位应及时整改，待整改并验收合格后才能移入洞内进行二衬施工。衬砌台车有关要求见表9.3.3。

衬砌台车推荐指标　　　　表9.3.3

内　容	要　求
衬砌台车长度	一般为10~12m；小于1200m半径隧道，二衬台车不大于9m
模板外观尺寸	满足设计要求
两端的结构尺寸相对偏差	不大于3mm
模板厚度	两车道不小于10mm，三车道不小于12mm
每块模板宽度	不小于1.5m，推荐为2m

续上表

内 容	要 求
每延米台车质量(含矮边墙模板)	两车道不小于6.8t,三车道不小于8.5t
行走机构	行动自如、制动良好。带有液压推杆制动器
台车架、液压、支撑系统	足够的刚度和强度；液压缸采用液压锁锁定,同时采用支承丝杠进行机械锁定
工作窗口	布局合理,封闭平整

9.4 施工要点

9.4.1 二次衬砌钢筋

1）二次衬砌钢筋应集中加工、统一配送。

2）钢筋安装应满足：

（1）横向钢筋与纵向钢筋的每个节点均必须进行绑扎或焊接；

（2）钢筋焊接搭接长度应满足设计及规范要求,受力主筋的搭接应采用焊接,焊接搭接长度及焊缝应满足规范要求；

（3）相邻主筋搭接位置应错开,错开距离不应小于1 000mm；

（4）同一受力钢筋的两个搭接距离不应小于1 500mm；

（5）箍筋连接点应在纵横向筋的交叉连接处,必须进行绑扎或焊接；

（6）钢筋其他的连接方式应符合相关规范的规定；

（7）安装钢筋时,钢筋长度、间距、位置、保护层厚度应满足设计要求。

3）钢筋制作必须按设计轮廓进行大样定位。

4）为确保二衬钢筋定位准确,钢筋保护层厚度符合要求,需采取以下措施：

（1）先由测量人员用坐标放样在调平层及拱顶防水层上定出自制钢筋安装台车范围内前后两根钢筋的中心点,确定好法线方向,确保定位钢筋的垂直度及与仰拱预留钢筋连接的准确度。钢筋绑扎的垂直度采用三点吊垂球的方法确定。

（2）用水准仪测量调平层上定位钢筋中心点高程,推算出该里程处圆心与调平层上中心点的高差,采用自制三脚架（见图9.4.1-1）定出圆心位置。

图9.4.1-1 自制三脚架示例图

（3）圆心确定后,采用尺量的方法检验定位钢筋的尺寸是否满足设计要求,对不满足要求位置重新进行调整,全部符合要求后固定钢筋。钢筋固定采用自制钢筋安装台车,二衬钢筋间距由钢管焊接的可调整的支撑杆控制,见图9.4.1-2。

（4）定位钢筋固定好后,根据设计钢筋间距在支撑杆上用粉笔标出环向主筋布设位置,在定位钢筋上标出纵向分布筋安装位置,然后开始绑扎此段范围内钢筋。各钢筋交叉处均应绑扎。

图 9.4.1-2　二衬钢筋支撑杆示例图

（5）要求主筋纵向间距、分布筋环向间距、内外层横向间距、保护层厚度符合设计要求。钢筋保护层应全部采用高强砂浆垫块来控制，不得使用塑料垫块，见图 9.4.1-3。

图 9.4.1-3　二衬钢筋垫块示例图

9.4.2　边墙基础施工

（1）边墙基础（包括电缆沟和侧埋式排水沟基础）应超前于铺底施工，施工前应清除积水、杂物、虚渣和喷射混凝土回弹物。

（2）按照设计间距和实际地下水情况预埋横向排水管。

（3）边墙基础混凝土应立模板浇筑，混凝土采用与拱墙同强度等级混凝土，施工过程应严格控制混凝土浇筑质量。

（4）基础顶面高程应按照电缆沟沟底顶面和台车侧模底部高程进行准确放样。

（5）施作边墙基础时应注意预埋电缆沟侧壁钢筋。

（6）边墙基础顶面设置的纵向排水管应避免侵入二衬空间。

9.4.3　预留洞室和预埋件

（1）预留洞室模板及预埋件在钢筋混凝土衬砌地段，宜固定在钢筋骨架上；在无筋衬砌地段采取在衬砌台车模板上钻孔，用螺栓固定。

（2）预留洞室模板宜采用钢模，承托上部混凝土质量时应加强支撑，确保混凝土成型质量合格。

（3）对设计有二衬钢筋的段落，预埋的接地扁铁应与钢筋焊接，无衬砌钢筋的也应尽量与锚杆头进行焊接，以确保接地电阻满足设计要求。

9.4.4 台车就位

(1) 台车模板就位前应仔细检查防水板、排水盲管、衬砌钢筋、预埋件等隐蔽工程并做好记录；台车就位后应检查其中线、高程及断面尺寸等并做好记录。

(2) 台车模板定位采用五点定位法，即：以衬砌圆心为原点建立平面坐标系，通过控制顶模中心点、顶模与侧模的铰接点、侧模的底脚点来精确控制台车就位。曲线隧道应考虑内外弧长差引起的左右侧搭接长度的变化，以使弧线圆顺，减少接缝错台。

(3) 台车模板应与混凝土有适当的搭接（≥10cm，曲线地段指内侧），撑开就位后检查台车各节点连接是否牢固，有无错动移位情况，模板是否翘曲或扭动，位置是否准确，保证衬砌净空。为避免在浇筑边墙混凝土时台车上浮，还须在台车顶部加设木撑或千斤顶。同时检查工作窗状况是否良好。

(4) 衬砌台车必须由经培训过的台车司机专人操作，对控制面板、油路、顶缸等重点部件要加强管理维修。

(5) 风水电管路通过衬砌台车时，应按规范办理，并布置整齐；照明应满足混凝土捣固等操作需要；管线台车施工区域内的临时改移，要加强洞内外的联系，班组间密切配合，提高操作人员安全教育，设专人巡查，严防触电及管路伤人事故。

(6) 台车作业地段进行吊装作业时，应有专人监护，统一指挥，并设标志，禁止通行。

9.4.5 安装挡头模板、止水带等

(1) 台车端部的挡头模板应按衬砌断面制作以保证设计衬砌厚度，并可适当调整以适应其不规则性，其单片宽度不宜小于300mm，厚度不小于30mm。

(2) 挡头模板结构应能保证衬砌环接缝榫接，以保证接头处质量，增强其止水功能。

(3) 挡头板应定位准确、安装牢固，其与岩壁间隙应嵌堵紧密。

(4) 挡头板顶部应留有观察小窗口，以观察封顶混凝土情况。

(5) 止水带等安装见第8章防水与排水的相应内容。

9.4.6 配合比设计

1) 性能要求

(1) 各种原材料及外加剂满足规范要求，满足设计强度要求。

(2) 流动性好、坍落度衰减慢、初凝时间相对较长、终凝时间相对较短，以满足泵送混凝土施工要求，减少裂纹出现。

(3) 干缩性小，满足抗渗性要求。

(4) 水化热低且水化热高峰值发生在混凝土达到一定强度之后，以承受由于水化热产生的温度应力。

(5) 混凝土有早强性能，特别是拱肩部位，以利于模板早拆，满足衬砌快速施工需要。

2) 配合比设计要求

(1) 配合比根据原材料质量及设计混凝土所要求的强度、耐久性、抗渗指标、施工和易性、凝固时间、运输灌注和环境温度条件通过试配确定，推荐采用"双掺"技术。

（2）混凝土坍落度一般控制在13～18cm，根据混凝土灌注部位不同，墙部混凝土坍落度宜小，拱部混凝土坍落度宜大。在保证混凝土可泵性的情况下，宜尽量减小混凝土的坍落度，并提高混凝土的和易性、保水性，避免混凝土泌水。

（3）配合比设计时应采取措施以使反弧部位混凝土减少气泡、麻面等质量通病的发生。

9.4.7 混凝土施工

1）二衬混凝土灌注前应重点检查以下几点：

（1）复查台车模板及中心高度是否符合要求，仓内尺寸是否符合要求；
（2）台车及挡头模安装定位是否牢靠；
（3）衬砌钢筋、防水板、排水盲管、止水带等安装是否符合设计及规范要求；
（4）模板接缝是否填塞紧密；
（5）脱模剂是否涂刷均匀；
（6）基仓清理是否干净，施工缝是否处理；
（7）预埋件、预留洞室等位置是否符合要求；
（8）输送泵接头是否密闭，机械运转是否正常；
（9）输送管道布置是否合理，接头是否可靠。

2）混凝土浇筑采用泵送浇筑工艺，机械振捣密实。

（1）混凝土拌制前，应测定砂石含水率并根据测试结果调整材料用量，提出施工配合比。

拌制混凝土拌和物时，水泥质量偏差不得超过±1%，集料质量偏差不得超过±2%，水及外加剂质量偏差不得超过±1%。

（2）混凝土浇筑前，必须将基底石渣、污物和基坑内积水排除干净，严禁向有积水的基坑内倾倒混凝土干拌和物。

（3）泵送混凝土前应采用按设计配合比拌制的水泥浆或按骨料减半配制的混凝土润滑管道。

（4）混凝土应采用混凝土搅拌运输车运输，确保在运送过程中不产生离析、撒落及混入杂物。

（5）混凝土由下至上分层、左右交替、从两侧向拱顶对称灌注。每层灌注高度、次序、方向应根据搅拌能力、运输距离、灌注速度、洞内气温和振捣等因素确定。为防止灌注时两侧侧压力偏差过大造成台车移位，两侧混凝土灌注面高差宜控制在50cm以内，同时应合理控制混凝土灌注速度。

（6）浇筑混凝土应尽可能直接入仓，混凝土输送管端部应设接软管，控制管口与浇筑面的垂距，混凝土不得直冲防水板板面流至浇筑位置，垂距应控制在1.2m以内，以防混凝土离析。

（7）施工过程中，输送泵应连续运转，泵送连续灌注，宜避免停歇造成"冷缝"。如因故中断，其中断时间应小于前层混凝土的初凝时间或能重塑时间，当超过允许时间时，应按施工缝处理;应在初凝以前将接缝处的混凝土振实,并使缝面具有合理、均匀稳定的坡度。凡是未振实又超过该水泥初凝时间的混凝土,应予清除。

(8)当混凝土浇至作业窗下50cm,作业窗关闭前,应将窗口附近的混凝土浆液残渣及其他杂物清理干净,涂刷脱模剂,将其关紧,防止窗口部位混凝土表面出现凹凸不平的补丁甚至漏浆现象。

(9)隧道衬砌起拱线以下的反弧部位是混凝土浇筑作业的难点部位,应对混凝土性能、坍落度及捣固方法进行有效控制,以减少反弧段气泡,有效改善衬砌混凝土表面质量。

(10)混凝土的入模温度,在冬季施工时不应低于5℃,夏季施工时不应高于32℃。

(11)混凝土应采用振动器振捣密实,并应采取确实可靠的措施确保混凝土密实。振捣时,不得使模板、钢筋、防排水设施、预埋件等移位。

(12)封顶采用顶模中心封顶器接输送管,逐渐压注混凝土封顶。当挡头板上观察孔有浆溢出,即标志封顶完成。

(13)拱部混凝土衬砌浇筑时,应在拱顶预留注浆孔,注浆孔间距应不大于3m,且每模板台车范围内的预留孔应不少于4个。

拱顶注浆填充,宜在衬砌混凝土强度达到100%后进行,注入砂浆的强度等级应满足设计要求,注浆压力应控制在0.1MPa以内。

(14)每次混凝土浇筑完成后,应及时清理场地的废弃混凝土及垃圾,保持施工现场整洁。

9.4.8 拆模

按施工规范采用最后一盘封顶混凝土试件达到的强度来控制。不承受外荷载的拱、墙混凝土强度应达到5MPa或在拆模时混凝土表面和棱角不被损坏并能承受自重时拆模;当拱墙二衬施工时围岩变形未稳定,需承受围岩压力时,拆模时间应满足规范要求。

9.4.9 养生

应配备养护喷管,在拆模前冲洗模板外表面,拆模后用高压水喷淋混凝土表面,以降低水化热,见图9.4.9。在寒冷地区,应做好衬砌的防寒保温工作。

养生时间要求:洞口100m养护期不少于14d,洞身养护不少于7d,对已贯通的隧道二衬养护期不少于14d。

9.4.10 缺陷处理

拆模后,若发现缺陷,不得擅自修补,经监理工程师批准后方可处理。

(1)气泡:采用白水泥和普通水泥按衬砌表面颜色对比试验确定的比例掺拌后,局部填补抹平。

图9.4.9 二衬养生示例图

（2）环接缝处理：采用弧度尺画线，切割机切缝，缝深约2cm，不整齐处进行局部修凿或经砂轮机打磨后，用高强度等级水泥砂浆修饰，用钢镘刀抹平，使施工缝圆顺整齐。

（3）对于表面颜色不一致的采用砂纸反复擦拭数次。

（4）预留洞室周边还应先行清理干净，然后喷水湿润，采用高强度等级、与二衬颜色相统一的砂浆，抹平压光。

9.4.11 紧急停车带、车行横洞及人行横洞

1）紧急停车带

（1）紧急停车带的开挖与衬砌，及与洞身衬砌相连接的一段，应制订专门的施工方法和程序。

（2）紧急停车带应布置在同一级别围岩地层中。开挖过程中，若发现不在同一级别围岩时，应上报处理。

（3）紧急停车带衬砌两端与洞身衬砌以喇叭口形式连接，应圆顺平整。

2）车行、人行横洞

（1）应按图纸所示位置与正洞同时进行开挖与衬砌。

（2）交叉段衬砌结构构造，应制订专门的施工方法和程序。

（3）对车行横洞、人行横洞等特殊洞室，宜采用移动式模架和拼装模板施工。

边墙基础应与边墙一次浇筑完成，分次浇筑时应处理好接缝。

拱、墙模板拱架的间距，应根据衬砌地段的围岩情况、隧道宽度、衬砌厚度及模板长度确定。

架设拱、墙支架和模板安装时，应位置准确，连接牢固，严防移位。围岩压力较大时，拱架、墙架应增设支撑或缩小间距。

移动式模架或拼装模板重复使用时，应注意检查，如有变形应及时修整。

在拱架外缘应采用径向支撑与围岩顶紧，以防混凝土浇筑时拱架变形、移位。

拱架、支架应于隧道中线垂直方向架设。拱架的螺栓、拉杆、斜撑等应安装齐全。拱架（包括模板）高程应预留沉降量。施工中应随时测量、调整。

（4）交叉段衬砌混凝土应连续浇筑，不得中断。交叉段的钢筋应相互连接良好，绑扎牢固使之成为整体。

9.5 质量要求

9.5.1 外观质量

（1）达到"六无"要求（无错台、无漏浆、无冷缝、无气泡、无色差、无渗漏）。

（2）结构轮廓线条直顺美观，无跑模、露筋现象，混凝土颜色均匀一致。

（3）施工缝平顺，节段接缝处错台小于10mm，表面无渗水印迹。

（4）混凝土表面密实，每延米的隧道面积中，蜂窝麻面和气泡面积不超过0.5%。深度不超过10mm。

(5)混凝土无因施工养护不当产生裂缝。

9.5.2 二衬质量检测

建设单位和监理单位要加强二次衬砌质量监督检查,必要时可委托具有计量认证合格证书(CMA)的专业检测单位对二衬钢筋、仰拱进行检测。检测项目见表9.5.2。

隧道二衬质量检测结果表　　　　表9.5.2

测段	桩　号	探测位置	二衬钢筋网存在情况		二衬混凝土厚度(cm)			背后空洞情况	备注
			实测	设计	最大	最小	设计值		
1	每个测段里程长度不超过(10mm)	拱顶							
2									
3									
4		左拱腰							
5									
6									
7		右拱腰							
8									
9									

9.5.3 预留洞室质量

预留洞室尺寸要符合设计,棱角整齐,外观质量好。

9.5.4 拱顶预留接线盒质量

拱顶预留接线盒的位置要准确,电缆钢管要安放在两层钢筋的中间,其平面线形要与隧道的线形相一致。

10 监控量测

10.1 一般规定

10.1.1 监控量测是新奥法设计理论核心,是施工的重要组成部分。采用复合式衬砌的隧道,必须将现场监控量测项目列入施工组织设计,在施工中认真实施,施工、设计单位,监理工程师必须紧密配合,分析各项量测信息,确认或修正设计参数。

10.1.2 隧道开工前,应根据设计要求,并结合隧道规模、地形地质条件、施工方法、支护类型和参数、工期安排,以及所确定的量测目的等制订施工全过程量测方案。编制内容应包括:量测项目、量测仪器选择、测点布置、量测频率、数据处理、反馈方法,以及组织机构、管理体系等。量测计划应与施工进度计划相适应。

监控量测工作应结合开挖、支护作业的进程,按要求布点和监测,并根据现场实际情况及时调整补充,量测数据应及时分析、处理和反馈。

10.1.3 监控量测是施工工艺流程中的一个重要工序,应贯穿施工的全过程。监控量测应达到下列目的:
(1)掌握围岩和支护的动态信息并及时反馈,指导施工作业。
(2)通过对围岩和支护的变形、应力量测,为修改设计提供依据。

10.1.4 施工单位应具有实施监控量测的工作能力,对地质条件和周边环境复杂的隧道、长大隧道,可委托有经验的专业化队伍实施监控量测。执行"第三方"监测的隧道不能免除现行《公路隧道施工技术规范》所规定施工单位应承担的责任。监控量测负责人必须由有5年以上类似工程经验、工程师以上职称的专业人员承担。

10.1.5 现场量测仪器,应根据量测项目及测试精度选用。宜选择简单适用、稳定可靠、操作方便、量程合理、便于进行结果处理和分析的测试仪器。

10.1.6 监测、施工、设计等单位及监理工程师必须紧密配合,既为量测作业创造条件,又避免因抢工程进度而忽视量测工作。同时各方应共同研究、分析各项量测信息,确认或修正设计参数或施工方法。

10.1.7 周边位移、拱顶下沉和地表下沉等必测项目宜布置在统一断面,其量测面间距及测点数量应根据隧道埋深、围岩级别、断面大小、开挖方法、支护形式等确定。隧道开挖后应及时进行围岩、初期支护的周边位移量测、拱顶下沉量测。当围岩差、断面大或地表沉降控制要求高时,宜进行围岩体内位移量测和其他量测。洞口段、浅埋段或地表有建(构)筑物时,应进行地表沉降量测。

10.1.8 围岩松弛范围量测:可采用弹性波法或位移法。

10.1.9 当围岩条件差、变形过大或初期支护破损变形较大时,应进行支护结构内的应力及接触应力量测。

10.1.10 各项量测作业均应持续到变形基本稳定后1~3周。对于膨胀性和挤压性围岩,位移没有减小趋势时,应延长量测时间。

10.1.11 各预埋测点应牢固可靠,并设置专用标识牌,标明测点的名称、部位、编号、埋设日期等;要加强教育,提高所有进洞人员保护意识,对测点进行妥善保护,不得任意撤换和遭到破坏;施工过程中应做好仪器的日常维护工作,保证性能良好;量测人员进洞应满足隧道洞内作业施工要求。

10.1.12 现场照明、通风等作业条件良好,满足正常量测作业需要。

10.2 工作程序

监控量测工作程序见图10.2。

10.3 量测项目

10.3.1 必测项目

在复合式衬砌和喷锚衬砌隧道施工时必须进行必测项目的量测,必测项目见现行《公路隧道施工技术规范》。各测点应在不受到爆破影响的范围内尽快安设,并应在每次开挖后12h内取得初读数,最迟

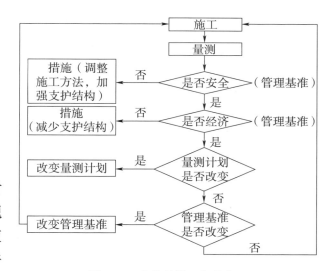

图10.2 监控量测工作程序

不得超过24h,并且在下一循环开挖前必须完成。选测项目测点埋设时间根据实际需要进行。

测点应牢固、可靠、易于识别,能真实地反映围岩、支护的动态变化信息。

洞内必测项目各测点应埋入围岩中,深度不应小于0.2m,不应焊接在钢支撑上,外露

部分应有保护装置。

10.3.2 选测项目

应根据设计要求、隧道横断面形状和断面大小、埋深、围岩条件、周边环境条件、支护类型和参数、施工方法等综合选择选测项目。选测项目详见现行《公路隧道施工技术规范》。

10.3.3 监控量测项目策划

根据隧道结构形式的不同,分离式隧道、小净距隧道及连拱隧道各有不同的监控量测项目,现推荐各类型隧道的监控量测项目规划见表 10.3.3-1、表 10.3.3-2 及表 10.3.3-3。

分离式隧道监控量测项目规划表　　　表 10.3.3-1

项目 围岩条件	洞内外地质与支护状态观察	周边位移	拱顶下沉	地表下沉	钢架内力及外力	围岩体内位移	围岩压力	两层支护间压力	锚杆轴力	支护、衬砌内应力	围岩弹性波速度	爆破震动	渗水压力、水流量
Ⅳ、Ⅴ级围岩	√	√	√	△	○	○	○	○	○	○	○	周围建筑物要求较高时必测	洞内出水量较大时必测
Ⅱ、Ⅲ级围岩洞口	√	√	√	△	—	△	△	△	△	△	△		
偏压段、浅埋段	√	√	√	△	○	○	○	○	○	○	○		

注:√:必须进行的项目;○:宜进行项目;△:必要时进行项目。

小净距隧道监控量测项目规划表　　　表 10.3.3-2

项目 围岩条件	洞内外地质与支护状态观察	周边位移	拱顶下沉	地表下沉	钢架内力及外力	围岩体内位移	围岩压力	两层支护间压力	锚杆轴力	支护、衬砌内应力	围岩弹性波速度	爆破震动	渗水压力、水流量
Ⅳ、Ⅴ级围岩	√	√	√	△	○	√	√	○	○	○	○	周围建筑物要求较高时必测	洞内出水量较大时必测
Ⅱ、Ⅲ级围岩洞口	√	√	√	△	—	√	√	△	△	△	△		
偏压段、浅埋段	√	√	√	○	○	√	√	○	○	○	○		

注:①√:必须进行的项目;○:宜进行项目;△:必要时进行项目。
②增加必测项目:后行洞爆破震动速度、中岩墙土压力。

连拱隧道监控量测项目规划表　　　　表 10.3.3-3

项目＼围岩条件	洞内外地质与支护状态观察	周边位移	拱顶下沉	地表下沉	钢架内力及外力	围岩体内位移	围岩压力	两层支护间压力	锚杆轴力	支护、衬砌内应力	围岩弹性波速度	爆破震动	渗水压力、水流量
Ⅳ、Ⅴ级围岩	√	√	√	△	○	√	√	○	○	○	○	周围建筑物要求较高时必测	洞内出水量较大时必测
Ⅱ、Ⅲ级围岩洞口	√	√	√	△	—	√	√	△	△	△	△		
偏压段、浅埋段	√	√	√	√	○	√	√	○	○	○	○		

注：①√：必须进行的项目；○：宜进行项目；△：必要时进行项目。
②增加必测项目：先进洞与后进洞的对比量测（主要包括周边位移、拱顶下沉、地表下沉、围岩体内位移及压力、支护应力等项目的对比）；中隔墙的倾斜度、内应力、表面应力及裂缝。
③增加选测项目：底部土压力。

10.4 量测要点

10.4.1 洞内外观察

隧道施工过程中应进行洞内、外观察，洞内观察分开挖工作面观察和已支护地段观察两部分。

（1）开挖工作面观察应在每次开挖后进行。观察工作面状态、围岩变形、围岩风化变质情况、节理裂隙、断层分布和形态、地下水情况以及喷射混凝土的效果。观察后及时绘制开挖工作面地质素描图，填写开挖工作面地质状态记录表和施工阶段围岩级别判定卡。对已支护地段的观察每天应进行一次，主要观察围岩、喷射混凝土、锚杆和钢架等的工作状态。观察中发现围岩条件恶化时，应立即上报设计、监理单位，采取相应处理措施。

（2）洞外观察重点应在洞口段及岩溶发育区段地表和洞身埋置深度较浅地段，其观察内容应包括地表开裂、地表沉陷、边坡及仰坡稳定状态、地表水渗透情况、地表植被变化等。

10.4.2 净空位移和拱顶下沉

（1）量测坑道断面的收敛情况，包括量测拱顶下沉、净空水平收敛以及铺底鼓起（必要时）。

（2）应按表 10.4.2-1 和表 10.4.2-2 检查净空位移和拱顶下沉的量测频率，并与按表 10.3.3-1 确定的量测频率比较取大值。施工状况发生变化时（开挖下台阶、仰拱或撤除临时支护等），应增加检测频率。

净空位移和拱顶下沉的量测频率（按位移速度） 表10.4.2-1

位移速度（mm/d）	量测频率
≥5	2~3次/d
1~5	1次/d
0.5~1	1次/(2~3)d
0.2~0.5	1次/3d
<0.2	1次/(3~7)d

净空位移和拱顶下沉的量测频率（按距开挖面距离） 表10.4.2-2

量测断面距开挖面距离（m）	量测频率
(0~1)B	2次/d
(1~2)B	1次/d
(2~5)B	1次/(2~3)d
>5B	1次/(3~7)d

注：B—隧道开挖宽度。

（3）拱顶下沉和水平收敛量测断面的间距为：Ⅲ级及以上围岩不大于40m；Ⅳ级围岩不大于25m；Ⅴ级围岩应小于20m。围岩变化处应适当加密，在各类围岩的起始地段增设拱顶下沉测点1~2个，水平收敛1~2对。当发生较大涌水时，Ⅳ、Ⅴ级围岩量测断面的间距应缩小至5~10m。

（4）各测点应在避免爆破作业破坏测点的前提下，尽可能靠近工作面埋设，一般为0.5~2m，并在下一次爆破循环前获得初始读数。初读数应在开挖后12h内读取，最迟不得超过24h，而且在下一循环开挖前，必须完成初期变形值的读数。

（5）净空水平收敛测线的布置应根据施工方法、地质条件、量测断面所在位置、隧道埋置深度等条件确定。在地质条件良好，采用全断面开挖方式时，可设一条水平测线；当采用台阶开挖方式时，可在拱腰和边墙部位各设一条水平测线。

（6）拱顶下沉量测应与净空水平收敛量测在同一量测断面内进行，可采用精密水准仪测定下沉量。当地质条件复杂，下沉量大或偏压明显时，除量测拱顶下沉外，尚应量测拱腰下沉及基底隆起量。

10.4.3 地表下沉量测

（1）位于Ⅳ~Ⅴ级围岩中浅埋的隧道，应进行地表沉降量测。根据图纸要求或监理工程师指示，应在施工过程中可能产生地表塌陷之处设置观测点，地表下沉观测点按普通水准基点埋设。并在预计破裂面以外3~4倍洞径处设水准基点，作为各观测点高程测量的基准，从而计算出各观测点的下沉量。地表下沉桩的布置宽度应根据围岩类别、隧道埋置深度和隧道开挖宽度而定，地表下沉量测断面的间距按表10.4.3-1

及表 10.4.3-2 采用。

地表下沉量量测断面间距及频率 表 10.4.3-1

变形速度(mm/d)	量测断面距开挖工作面的距离	量测频率
>10	(0~1)B	1~2 次/d
10~5	(1~2)B	1 次/d
5~1	(2~5)B	1 次/2d
<1	>5B	1 次/1 周

注:B 表示隧道开挖宽度。

地表下沉量测断面的间距 表 10.4.3-2

埋置深度 H	地表下沉量测断面的间距(m)
H>2B	20~50
B<H<2B	10~20
H<B	5~10

注:①无地表建筑物时取表内上限值。
②B 表示隧道开挖宽度。

地表下沉监测范围横向应延伸至隧道中线量测 $(1~2)(B/2+h+H)$(B 为隧道开挖宽度,h 为隧道开挖高度,H 为隧道埋深),纵向应在掌子面前后 $(1~2)(h+H)$。测点间距宜为 2~5m,并应根据地质条件和环境条件进行调整。

(2)地表下沉量测频率和拱顶下沉及净空水平收敛的量测频率相同。

(3)地表下沉量测应在开挖工作面前方 $H+h$(H 为隧道埋置深度,h 为隧道开挖高度)处开始,直到衬砌结构封闭、下沉基本停止时为止。

(4)地表下沉的量测尽量与洞内拱顶下沉量测、周边位移量测在同一横断面内,当地表有建(构)筑物时,应在建(构)筑物周围增设地表下沉测点。

(5)地表下沉监测应在隧道开挖前开始,到二次衬砌全部施工完毕,且下沉基本停止时为止。

10.5 量测数据处理与应用

10.5.1 一般要求

(1)隧道现场监控量测应成立专门量测小组,负责日常量测、数据处理和仪器保养维修工作,并及时将量测信息反馈给施工部门和设计单位。测点埋设宜在施工部门配合下,由量测小组完成。各预埋测点应牢固可靠,不得任意撤换和破坏。

(2)现场监控量测应按量测方案认真组织实施,并与其他施工环节紧密配合,不得中断工作。

(3)每次量测后,应及时进行数据整理和分析,并绘制量测数据时态曲线和距开挖面距离图;应绘制地表下沉值沿隧道纵向和横向变化量和变化速率曲线。

（4）应根据量测数据处理结果，及时提出调整和优化施工方案和工艺；围岩变形和速率较大时，应及时采取安全措施，并建议变更设计。

（5）围岩稳定性、二次支护时间应根据所测得位移量或回归分析所得最终位移量，位移速度及其变化趋势，隧道埋深，开挖断面大小，围岩等级，支护所受压力、应力、应变等进行综合分析判定。

（6）要定期编制监控量测周报、月报，监测数据异常时要第一时间报告。

10.5.2 量测数据整理、分析与反馈

量测数据整理、分析与反馈应符合下列规定：

（1）当位移—时间曲线趋于平缓时，应进行数据处理或回归分析，以推算可能出现的位移最大值和变化速度，掌握位移变化的规律。

（2）当位移—时间曲线出现反弯点时，则表明围岩和支护已呈不稳定状态，此时应密切监视围岩动态，及时分析原因，提出对策和建议，并及时反馈给有关单位，采取有效措施加强支护，必要时暂停开挖。

10.5.3 围岩稳定性的综合判别

围岩稳定性的综合判别，应根据量测结果，按下列指标判定：

（1）实测位移值不应大于隧道的极限位移，并按表10.5.3位移管理等级施工。一般情况下，宜将隧道设计的预留变形量作为极限位移，而设计变形量应根据检测结果不断修正。

（2）根据位移速率判断：速率大于1mm/d时，围岩处于急剧变形状态，应加强初期支护；速率变化在0.2~1.0mm/d时，应加强观测，做好加固的准备；速率小于0.2mm/d时，围岩达到基本稳定。在高地应力、岩溶地层和挤压地层等不良地质中，应根据具体情况制定判断标准。

位移管理等级 表10.5.3

管理等级	管理位移（mm）	施工状态
Ⅲ	$U < U_0/3$	可正常施工
Ⅱ	$U_0/3 \leq U \leq 2U_0/3$	应加强支护
Ⅰ	$U > 2U_0/3$	应采取特殊措施

注：U－实测位移值；U_0－设计极限位移值。

（3）根据位移速率变化趋势判断：当围岩位移速率不断下降时，围岩处于稳定状态；当围岩位移速率变化保持不变时，围岩尚不稳定，应加强支护；当围岩位移速率变化上升时，围岩处于危险状态，必须立即停止掘进，采取应急措施。

（4）初期支护承受的应力、应变、压力实测值与允许值之比大于或等于0.8时，围岩不稳定，应加强初期支护；初期支护承受的应力、应变、压力实测值与允许值之比小于0.8时，围岩处于稳定状态。

10.5.4 量测资料

竣工文件中应包括下列量测资料：

（1）现场监控量测计划；

（2）实际测点布置图；

（3）围岩和支护的位移—时间曲线图、空间关系曲线图，以及量测记录汇总表；

（4）量测变更设计和改变施工方法地段的信息反馈记录；

（5）现场监控量测说明。

11 附属设施工程

11.1 设备洞、横通道及预留洞室

11.1.1 消防洞、设备洞、车行或人行横通道及其他各类洞室设置应满足设计要求,当原定位置地质条件不良时,施工单位应会同监理、设计及建设单位根据实际情况调整。

11.1.2 隧道边墙内的各类洞室以及消防洞、设备洞和横通道等与正洞连接地段的开挖,宜在正洞掘进至其位置时,将该处一次开挖成形。

11.1.3 各类洞室及横通道与正洞连接地段,支护应按设计予以加强。

11.1.4 各类洞室及横通道初期支护宜采用锚喷支护,必要时增设钢架支撑。支护应紧跟开挖。

11.1.5 设备洞、横通道及其他各类洞室的永久性防排水工程,应与正洞同时完成。各类洞室及横通道与正洞连接的折角处,防水层应根据铺设面的形状平顺铺设,不得出现空白。洞室不得设在各种衬砌结构变化处及施工缝、变形缝处。

11.1.6 设备洞、横通道、预留洞室等二次衬砌施工应符合下列规定:
(1)设备洞、横通道与正洞连接处的钢筋应互相连接可靠,绑扎牢固。该处的衬砌应与正洞一次同时完成。
(2)复查防排水工程的质量,防排水工程符合设计要求后,方可进行二次衬砌施工。
(3)衬砌中各类预埋管件,预留孔、槽及边墙内的各类洞室应按设计位置定位;宜尽早落实各种附属设施之间以及他们与排水系统之间有无冲突,如有冲突,应会同有关方面尽早解决。模板架设时应将经过防腐与防锈处理后的预埋管件绑扎牢固,留出各类孔、槽及边墙内的各类洞室位置。灌注混凝土时应确保各类预埋管件,预留孔、槽不产生位移。

11.2 水沟、电缆沟

11.2.1 水沟、电缆沟开挖应与边墙基础开挖同时进行,不得在边墙浇筑后再爆破开挖。

11.2.2 电缆沟壁与边墙应连接牢固,必要时可加设短钢筋。

11.2.3 水沟可采用预制或现浇,采用预制边沟安装时应保证边沟接头紧密、不渗漏,与相邻路面接缝平整。

11.2.4 水沟应与衬砌排水、路面排水的管路连通,保持顺畅。

11.2.5 电缆沟盖板应集中预制,提高附属工程施工质量。盖板铺设应平稳,盖板两端与沟壁的缝隙应用砂浆填平,不得晃动或吊空;盖板规格应统一,可以互换。

11.2.6 如在施作矮边墙时未一次成型电缆沟侧墙,施工电缆沟侧墙前应凿毛,并配置连接钢筋和水平钢筋。

11.2.7 电缆沟靠路面一侧应滞后路面施工,以免影响路面机械摊铺。

11.3 蓄水池

11.3.1 蓄水池混凝土的浇筑应做到外光内实,无渗漏,并选择在地基坚固处。

11.3.2 在混凝土达到设计强度后,应进行注水试验。

11.3.3 设置避雷设备时,应进行接地电阻试验,其冲击接地电阻应符合设计要求。

11.4 预埋件

11.4.1 通风机的机座与基础应按设计要求施工。对于通风机底盘与机座相连的地脚螺栓应按设计要求的风机底盘螺栓孔布置预留灌注孔眼。螺栓埋设时,灌浆应密实。螺栓应与机座面垂直。

11.4.2 水泵基础应稳固可靠,并按设计要求埋设水泵地脚螺栓或预留孔位。

11.4.3 安装工程所用各种预埋件应按设计进行防锈蚀处理。

11.4.4 预埋钢管管口应打磨平整,管内穿 5 号铁丝,并在二衬混凝土浇筑后进行检查、试通。

12 安全生产与文明施工

12.1 施工安全风险评估

12.1.1 高速公路隧道在施工阶段,应根据交通运输部要求,进行施工安全风险评估。

12.1.2 评估范围

(1)穿越高地应力区、岩溶发育区、区域地质构造、煤系地层、采空区等工程地质或水文地质条件复杂的隧道,黄土地区、水下或海底隧道工程;

(2)浅埋、偏压、大跨度、变化断面等结构受力复杂的隧道工程;

(3)长度3000m及以上的隧道工程,Ⅵ、Ⅴ级围岩连续长度超过50m或合计长度占隧道全长的30%及以上的隧道工程;

(4)连拱隧道和小净距隧道工程;

(5)采用新技术、新材料、新设备、新工艺的隧道工程;

(6)隧道改扩建工程;

(7)施工环境复杂、施工工艺复杂的其他隧道工程。

12.1.3 隧道工程施工安全风险评估分为总体风险评估和专项风险评估。

(1)总体风险评估。隧道工程开工前,根据隧道工程的地质环境条件、建设规模、结构特点等孕险环境与致险因子,估测隧道工程施工期间的整体安全风险大小,确定其静态条件下的安全风险等级。

(2)专项风险评估。当隧道工程总体风险评估等级达到有Ⅲ级(高度风险)及以上时,将其中高风险的施工作业活动(或施工区段)作为评估对象,根据其作业风险特点以及类似工程事故情况,进行风险源普查,并针对其中的重大风险源进行量化估测,提出相应的风险控制措施。

12.1.4 隧道工程施工安全风险评估工作包括制定评估计划、选择评估方法、开展风险分析、进行风险估测、确定风险等级、提出措施建议、编制评估报告等方面。

12.1.5 评估方法、评估步骤可参照交通运输部《公路桥梁和隧道工程施工安全风险评估指南(试行)》。

12.1.6 施工单位应根据风险评估结论,完善施工组织设计和危险性较大工程专项施工方案,制订相应的专项应急预案,对项目施工过程实施预警预控。专项风险等级在Ⅲ级(高度风险)及以上的施工作业活动(施工区段)的风险控制,还应符合下列规定:

(1)重大风险源的监控与防治措施、应急预案经施工单位技术负责人和监理工程师审批后,由建设单位组织论证或复评估。

(2)施工单位应建立重大风险源的监测及验收、日常巡查、定期报告等工作制度,并组织实施。

(3)施工单位项目经理或技术负责人在工程施工前应对施工人员进行安全技术教育与交底;施工现场应设立相应的危险告知牌。

(4)适时组织对典型重大风险源的应急救援演练。

(5)当专项风险等级为Ⅳ级(极高风险)且无法降低时,必须提高现场防护标准,落实应急处置措施,视情况开展第三方施工监测;未采取有效措施的,不得施工。

12.1.7 监理工程师在审查工程施工组织设计文件、危险性较大工程专项施工方案、应急预案时,应同时审查施工安全风险评估报告;无风险评估报告,不得签发开工令。

工程开工后,监理工程师应督查施工单位安全风险控制措施的落实情况,并予以记录。对施工中存在的重大隐患应及时指出并督促整改,对施工单位拒不整改的,应及时向建设单位及公路工程安全生产监督管理部门报告。

12.1.8 风险评估报告经监理工程师审核后应向建设单位报备。建设单位应对极高风险(Ⅳ级)的施工作业,组织专家或安全评估机构进行论证或复评估,提出降低风险的措施建议;当风险无法降低时,应及时调整设计、施工方案,并向公路工程安全生产监督管理部门备案。

12.1.9 各级交通运输主管部门在履行施工安全监督检查职责时,应将施工安全风险评估实施情况纳入检查范围。对极高风险(Ⅳ级)的施工作业应切实加强重点督查。

12.1.10 隧道工程施工安全风险评估应遵循动态管理的原则,当工程设计方案、施工方案、工程地质、水文地质、施工队伍等发生重大变化时,应重新进行风险评估。

12.1.11 施工安全风险评估工作费用在项目安全生产费用中列支。

12.1.12 隧道工程施工安全风险评估工作原则上由施工单位具体负责。当被评估项目含多个合同段时,总体风险评估应由建设单位牵头组织,专项风险评估工作仍由合同施工单位具体实施。当施工单位的施工经验或能力不足时,可委托行业内安全评估机构承担相关风险评估工作。评估工作负责人应当具有 5 年以上的工程管理经验,并有参与类似工程施工的经历。

12.1.13 隧道工程建设各方(包括建设单位、勘测设计单位、施工单位、监理工程师、监测单位等)应主动、及时、动态地进行风险管理,通过风险计划、风险识别、风险估计、风险评价、风险处理和风险监测,优化组合各种风险管理技术,确保风险评估全面、可靠,风险处理合理、有效,风险监测准确,反馈及时。

12.1.14 风险评估工作应形成评估报告。评估报告应反映风险评估过程的主要工作。报告内容应包括评估依据、工程概况、评估方法、评估步骤、评估内容、评估结论及对策建议等。评估结论应当明确风险等级,可能发生事故的关键部位、区域或节点,事故可能性等级,规避或者降低风险的建议措施等内容。

12.2 安全管理

12.2.1 隧道开工前,施工单位技术人员应向施工作业人员进行技术和安全交底,详细说明隧道质量和安全的有关技术要求和重大危险源,技术和安全交底台账必须签字确认。应落实工前教育制度,规范进洞管理。

12.2.2 监理工程师应按规定认真审查施工单位的质量安全保证体系,审查隧道施工组织设计中安全技术措施或者专项施工方案是否符合工程建设强制性标准并监督检查实施情况;对危险性较大的分部分项工程,还应当审查施工单位是否单独编制安全专项施工方案,并按规定组织专家进行论证、审查。

12.2.3 施工单位对建设单位预付的安全生产费用应当专户存储,专款专用,不得挪作他用。实行工程总承包的单位依法将工程分包给其他单位的,总承包单位应当与分包单位在分包合同中明确由分包单位实施的安全施工措施和分包工程安全生产费用。严禁总承包单位拖欠分包单位的安全生产费用。

监理工程师应认真监督检查施工单位安全生产费用使用情况,监督施工单位是否用于购买和更新合格的安全防护用具和设施,落实安全施工措施,改善安全生产条件。施工现场存在安全事故隐患、未落实安全生产费用的,监理工程师应立即要求其改正,施工单位拒不改正的,监理工程师应当及时向有关单位报告。

图12.2.4 逃生管示例

12.2.4 在洞身开挖过程中,为保证洞内工作人员施工安全,软弱围岩地段应配备安置报警设施和足够长度的、可手动拆卸的逃生钢管,要求管壁厚不小于10mm,管径不小于600mm,每节管长宜为1500~2000mm(见图12.2.4)。高压气、高压水钢管应尽可能靠近掌子面;钻孔台车应常备卸管头的扳手和应急照明工具。

12.2.5 施工单位应制订专门的应急救援预案,备好应急抢险物资,定期组织应急演练。要求每个合同段设置1处抢险物资储备点。

12.2.6 应在隧道所有作业台架上安装防护彩灯或反光标识,确保车辆通行安全;在台架底部配置消防器材,便于应急火灾事故,见图12.2.6。

图 12.2.6 台车防护彩灯及反光标识示例图

12.2.7 爆破作业及火工物品的管理,必须遵守现行国家标准《爆破安全规程》的有关规定。对有瓦斯溢出的隧道,应按现行《煤矿安全规程》要求,并根据隧道的地质情况、瓦斯溢出程度和设备条件,制订适宜的施工方案。

12.2.8 运输车辆不得人料混装,洞内运输车辆必须限速行驶。洞内倒车与转向,必须开灯、鸣笛;洞口、平交道口和狭窄的施工场地,应设置"缓行"标志,必要时宜安排人员指挥交通。

12.2.9 隧道施工中必须密切注意围岩及地下水等的变化情况,当施工方法或支护结构不适应于实际围岩状态时,必须采取应急措施,并经批准后及时采用合适的施工方法或支护结构。

12.2.10 隧道内施工设备应靠边停放,远离爆破点;停放点应选择围岩稳定、支护结构已完成、无渗漏水的位置。

12.3 文明施工

12.3.1 施工照明

(1)成洞段不超过15m设一个固定灯,电线敷设应整齐划一;近掌子面40m内若无敷

图 12.3.1 施工照明示例图

线,应配备移动式照明灯具,保证洞内照明充足。

不安全因素较大的地段应加大照度。在主要交通道路、洞内抽水机站应设置安全照明,漏水地段照明应采用防水灯头和灯罩,见图 12.3.1。具体布置要求见表 12.3.1。

隧道施工照明宜采用荧光灯、荧光高压汞灯、卤钨灯、长弧氙灯或高压钠灯等光源照明。

洞内照明线路及应急灯布置　　　　表 12.3.1

工作地段	照明布置
开挖面后 40m 以内作业段落	两侧采用 36V、500W 卤钨灯各 2 盏
开挖面后 40m～二衬作业区段	每隔 20m,左右侧各安设 400W 高压钠灯 1 盏
模板台车衬砌作业段	台车前 10～15m 增设 400W 高压钠灯 1 盏,台车上亮度不足时增设 36V、300W 或 500W 卤钨灯
成洞地段	每隔 6～8m 安装一盏 50W 节能灯

(2)成洞段每隔 20m 在左右两侧边墙离地面 1.2m 位置设置反光标识。

(3)对各种电气设备和输电线路应有专人经常进行检查维修、调整等工作,其作业要求应符合现行规范规程的要求。

12.3.2 通风与防尘

1)隧道施工必须采用综合防尘措施,应加强检查。

(1)应采取通风、洒水等防尘措施,并按规定时间测定粉尘和有害气体的浓度。

(2)钻眼作业应采用湿式凿岩,当水源缺乏、容易冻结或岩性不适于湿式凿岩时,可采用带有捕尘设备的干式凿岩,采用防尘措施后应达到规定的粉尘浓度。

(3)凿岩机钻眼时必须先送水后送风。

(4)放炮后必须进行喷雾、洒水,出渣前应用水淋湿石渣和附近的岩壁。

(5)施工人员均应佩戴防尘口罩。

(6)长大隧道还应在压入式的出风口设置喷雾器,以增加空气湿度、降低粉尘含量。

2)在整个施工过程中,作业环境应符合规范以及有关的职业健康安全标准。

(1)空气中氧气含量,按体积计不得小于 20%。

(2)粉尘允许浓度,每立方空气中含有 10% 以上的游离二氧化硅的粉尘不得大于 2mg,每立方空气中含有 10% 以下的游离二氧化硅的矿物性粉尘不得大于 4mg。

(3)有害气体最高允许浓度:

①一氧化碳的最高允许浓度为 30mg/m^3,在特殊情况下,施工人员必须进入工作面时,浓度可为 100mg/m^3,但工作时间不得大于 30min;

②二氧化碳按体积计不得大于 0.5%;

③氮氧化物(换算成 NO_2)为 $5mg/m^3$ 以下;

④甲烷(CH_4)(瓦斯)按体积计不得大于 0.5%,否则必须按煤炭工业部门现行的《煤矿安全规程》有关规定办理;

⑤二氧化碳浓度不得超过 $15mg/m^3$;

⑥硫化氢浓度不得超过 $10mg/m^3$;

⑦氨的浓度不得超过 $30mg/m^3$。

(4)隧道内气温不得高于 28℃。

(5)隧道内噪声不得大于 90dB。

3)通风方式的选择与布设应根据隧道长度、施工方法、设备条件、开挖面积以及污染物的含量与种类等情况确定。当主风流的风量不能满足隧道掘进要求时,应设置局部通风系统,并应尽量利用辅助坑道。

4)隧道掘进 150m 以上,隧道施工必须实施管道通风。宜采用大功率风机、大直径风筒压入式通风,长隧道应考虑混合通风方式。单头掘进超过 1200m 时,应进行专项施工通风设计,并经监理工程师审批。通风应能满足洞内各项作业所需最大风量,每人应供应新鲜空气 $3m^3/min$,采用内燃机械作业时,供风量不宜小于 $4.5m^3/(min·kW)$。全断面开挖时风速不应小于 $0.15m/s$,导洞内不应小于 $0.25m/s$,但均不应大于 $6m/s$。

5)通风机具安装及维护

(1)隧道通风机及通风管应设置专人定期维护、修理,如有破损,必须及时修补或更换。

(2)送风式的进风管口应设在洞外,宜距洞口 30m 以外。

(3)通风管靠近开挖面的距离应根据开挖面大小确定,送风式通风管的送风口距开挖面不宜大于 15m,排风式风管吸风口距开挖面不宜大于 5m。

参 考 文 献

[1] 福建省高速公路建设总指挥部.福建省高速公路施工标准化管理指南(隧道)[M].北京:人民交通出版社,2011.
[2] 中华人民共和国行业标准.JTG F60—2009 公路隧道施工技术规范[S].北京:人民交通出版社,2009.
[3] 中华人民共和国行业标准.JTG/T F60—2009 公路隧道施工技术细则[S].北京:人民交通出版社,2009.